La traducción de la cultura en el sector turístico

# STUDIEN ZUR ROMANISCHEN SPRACHWISSENSCHAFT UND INTERKULTURELLEN KOMMUNIKATION

Herausgegeben von
Gerd Wotjak, José Juan Batista Rodríguez und Dolores García-Padrón

## BAND 136

**PETER LANG**

Jorge Soto Almela

# La traducción de la cultura en el sector turístico

## Una cuestión de aceptabilidad

**PETER LANG**

**Bibliografische Information der Deutschen Nationalbibliothek**
Die Deutsche Nationalbibliothek verzeichnet diese Publikation
in der Deutschen Nationalbibliografie; detaillierte bibliografische
Daten sind im Internet über http://dnb.d-nb.de abrufbar.

ISSN 1436-1914
ISBN 978-3-631-78948-3 (Print)
E-ISBN 978-3-631-78949-0 (E-PDF)
E-ISBN 978-3-631-78950-6 (EPUB)
E-ISBN 978-3-631-78951-3 (MOBI)
DOI 10.3726/b15604

© Peter Lang GmbH
Internationaler Verlag der Wissenschaften
Berlin 2019
Alle Rechte vorbehalten.

Peter Lang – Berlin · Bern · Bruxelles ·
New York · Oxford · Warszawa · Wien

Diese Publikation wurde begutachtet.

www.peterlang.com

# Índice

# Introducción

A finales de los años 50, España inició un proceso de especialización turística y, desde entonces, el número de visitantes internacionales no ha hecho más que aumentar. Buena cuenta de ello es el récord de llegadas que logró España en 2017 con 82 millones de turistas internacionales, cifra que no deja lugar a dudas del importante papel que desempeña la actividad turística en nuestro país. Las estadísticas de 2017 aportadas por las encuestas FRONTUR y EGATUR del Instituto Nacional de Estadística (INE) sitúan a España en la segunda posición mundial en número de llegadas de turistas, solo por detrás de Francia. Estos datos, además, reflejan que el principal mercado emisor es el Reino Unido, de donde llegaron casi 18 millones de turistas, seguido de Alemania, con 11,4 millones de turistas, y Francia, con 10,7 millones. Las diez comunidades autónomas que concentran el mayor volumen de turistas son Cataluña, Baleares, Canarias, Andalucía, la Comunidad Valenciana, la Comunidad de Madrid, el País Vasco, Castilla y León, Galicia y la Región de Murcia.

El peso económico del sector turístico en nuestro país y su grado de internacionalización ponen de relieve la necesidad de diseñar productos turísticos de calidad en la lengua de los destinatarios. La traducción interviene en este proceso de internacionalización y forma parte fundamental del marketing turístico. Así, un texto turístico traducido es un potente instrumento promocional que debe tener el objetivo primordial de acercar un destino y su cultura a los usuarios finales a través de una comunicación cuidada. El turismo necesita entonces instrumentos de difusión, de promoción e incluso de persuasión que conviertan un determinado lugar en un auténtico destino turístico digno de visitar o en el que vivir. Sin embargo, llama particularmente la atención el profundo contraste existente entre la cantidad de recursos humanos, materiales y económicos invertidos en las campañas turísticas en español y la escasa inversión destinada a la traducción de dichas campañas a otras lenguas. Así, no es de extrañar que muy a menudo nos encontremos con verdaderas barbaridades lingüísticas presentes en textos turísticos traducidos, lo que repercute negativamente en la imagen de nuestro país en el extranjero y dificulta la comunicación con los turistas internacionales.

La creencia popular de que los textos turísticos poseen características que los encasillan en un nivel general de la lengua es una de las causas que provocan la falta de calidad de las traducciones y es que, de hecho, al contrario de lo que se piensa, los textos turísticos son textos especializados caracterizados por una heterogeneidad lingüística peculiar y un fuerte arraigo cultural que los hace complejos y los enmarca en una situación comunicativa específica. Se trata de textos que gozan de una gran relevancia profesional y, por tanto, su traducción debe quedar en manos de traductores profesionales que se preocupen por la calidad de las traducciones y que cuiden la comunicación con los destinatarios.

Precisamente, el destinatario y su identidad desempeñan un papel determinante en la traducción de textos turísticos, puesto que el traductor, a través de diversas decisiones lingüísticas y mediante la aplicación de unas técnicas traslativas en detrimento de otras, deberá adaptarse a los usuarios del texto meta y a su cultura y, por ende, a la situación comunicativa en la que se usará el texto meta. De esta manera, el traductor se verá obligado a desplegar al máximo su capacidad de mediación y a tomar las decisiones adecuadas para conseguir su objetivo de promocionar un destino turístico de un modo eficaz y, en consecuencia, permitir al turista lector involucrarse.

En este libro, además de estudiar en profundidad el texto turístico como texto especializado y la traducción de la cultura como rasgo fundamental del discurso turístico, se da prioridad a la figura del receptor y a su necesaria cooperación para la mejora de la traducción turística. Así, una traducción centrada en el usuario busca obtener evidencia empírica sobre las necesidades y preferencias del grupo receptor, que se convierte en un factor condicionante de las decisiones del traductor (Suojanen, Koskinen y Tuominen, 2015). Existe, por tanto, una necesidad latente de dejar de teorizar sobre la importancia del destinatario y diseñar estudios que realmente aporten evidencias empíricas sobre las expectativas de los receptores o su aceptabilidad con respecto a un producto traducido. En palabras de Nord (2012, p. 32):

> Critics have been asking how translators know what the audience expects of a translation. Indeed, it is easy to talk about the audience's expectations but much more difficult to obtain empirical proof of what audiences (for certain genres or in certain nonlinguistic fields) really expect.

Este trabajo emerge precisamente con la intención de investigar la aceptabilidad que manifiesta un grupo de turistas anglófonos con respecto a la traducción de un conjunto de culturemas vinculados a la cultura origen (CO). Se pretende, en última instancia, contribuir a engrosar el espectro de estudios empíricos que se acercan a la figura del destinatario para tratar de dilucidar sus expectativas, su aceptabilidad e incluso su comportamiento ante un determinado producto traducido. Con este propósito, se ha diseñado un estudio de carácter cuantitativo que se sirve de un cuestionario electrónico administrado a 242 visitantes y 122 residentes, todos ellos en calidad de usuarios anglófonos de folletos turísticos. Los datos recopilados mediante este cuestionario permiten identificar la técnica de traducción con mayor y menor aceptabilidad entre visistantes y residentes, comparar las prioridades traductológicas de ambos grupos y averiguar la aceptabilidad de las traducciones turísticas publicadas por organismos oficiales de la Región de Murcia (España) en lo que al trasvase cultural se refiere.

Este libro se asienta sobre tres pilares fundamentales: el *texto turístico* como género independiente y especializado, los *culturemas* como rasgo léxico determinante del discurso turístico y el *destinatario* como figura relevante por la que el traductor debe preocuparse a la hora de tomar sus decisiones.

El capítulo 1, titulado "El texto turístico y su traducción: en busca de una identidad propia", pretende, en primer lugar, caracterizar el texto turístico a distintos niveles, destacando su multifuncionalidad e hibridismo. Se ofrece, además, un análisis exhaustivo del entramado de géneros turísticos existentes en la actualidad, desde las amplias familias de géneros hasta los subgéneros. El capítulo 1 se ocupa también de la traducción turística y aborda una de las cuestiones más controvertidas a este respecto: su consideración como traducción especializada. En definitiva, en este capítulo se describe la realidad de la traducción turística en nuestro país y se busca concienciar sobre la necesidad de profesionalización en esta área, presentando los retos a los que se enfrenta hoy en día para alcanzar el rango que le corresponde.

El capítulo 2, denominado "Texto turístico y cultura: una relación inevitable", está dedicado a dos aspectos fundamentales de la traducción turística: i) las referencias culturales, dada la gran cantidad de culturemas presentes en los textos turísticos, y ii) las técnicas más utilizadas para trasvasar elementos culturales en este tipo de textos. Estudiada la diversidad terminológica existente en Traductología para referirse a los elementos propios de una cultura y presentadas las diferentes técnicas traslativas, es nuestro fin último en este capítulo aclarar algunos conceptos básicos que posteriormente se aplicarán en el estudio que se ha llevado a cabo. El capítulo finaliza especificando las técnicas concretas que, de acuerdo con los resultados de varios estudios descriptivos, se han venido empleando para la traducción de culturemas en textos turísticos.

El capítulo 3, que gira en torno a la figura del destinatario como eslabón fundamental en el proceso de traducción, se titula precisamente "La aceptabilidad del destinatario: pieza clave en la traducción de textos turísticos". Este capítulo otorga un papel primordial al destinatario como figura capaz de condicionar las decisiones de un traductor y, por tanto, resulta necesario destacar que las características socioculturales de los destinatarios, su entorno y sus expectativas desempeñan un papel clave en la evaluación de la calidad de una traducción. Se da entonces protagonismo a la figura del destinatario como evaluador de una traducción y se presentan algunos estudios empíricos que tienen en cuenta la aceptabilidad de los usuarios de una traducción. El capítulo finaliza describiendo cuál es el perfil de los potenciales destinatarios de un texto turístico traducido.

El capítulo 4 tiene carácter metodológico y pretende describir cómo se ha determinado la aceptabilidad de los culturemas traducidos en este trabajo. Para ello, se presenta el planteamiento y el diseño de nuestro estudio, se formulan las preguntas de investigación y se describe el cuestionario diseñado para la recopilación de datos, incluyendo los culturemas seleccionados. Este capítulo también está destinado a la caracterización de la muestra y a la presentación del corpus de textos turísticos del que se han seleccionado los distintos culturemas.

El capítulo 5 recoge el análisis de la aceptabilidad de los culturemas traducidos y los resultados obtenidos. El capítulo está dividido en tres apartados que siguen el orden de las tres preguntas de investigación formuladas en el capítulo anterior. Así, en primer lugar, se expone la aceptabilidad de cada técnica de traducción mediante datos descriptivos y, seguidamente, se presentan las diferencias en la aceptabilidad entre visitantes y residentes, diferenciando entre los resultados relativos a los culturemas opacos y los relativos a los culturemas semi-transparentes. El capítulo se cierra con el análisis de la aceptabilidad de la traducción manipulada frente a la traducción publicada.

Finalmente, el capítulo 6 recoge las conclusiones y las implicaciones del estudio llevado a cabo. Se ofrece una visión panorámica de los hallazgos principales y una interpretación razonada de los mismos. A pesar de los escasos estudios precedentes que coincidan tanto en propósito como en metodología con el estudio realizado, se han contrastado los resultados con aquellos obtenidos en trabajos similares, aun siguiendo estos una metodología fundamentada en el análisis descriptivo o contrastivo. En este último capítulo se recogen también las implicaciones que, directa o indirectamente, se desprenden de nuestro estudio, tanto las implicaciones teóricas para la Traductología y para el avance de la investigación en traducción turística como las implicaciones prácticas para el sector turístico. El capítulo finaliza con las limitaciones del estudio y con la propuesta de futuras líneas de investigación, estrechamente relacionadas con la evolución y la pujanza de los géneros turísticos.

# Capítulo 1. El texto turístico y su traducción: en busca de una identidad propia

## 1.1. Multifuncionalidad e hibridismo del texto turístico

El texto turístico queda principalmente definido por la función que desempeña o el propósito que persigue. Así, Kelly (1997) lo define como "todo texto publicado por una organización pública o privada cuya finalidad sea ofrecer información a los potenciales visitantes o promocionar un destino y fomentar los viajes a ese destino" (p. 35)[1]. No muy lejos de esta definición y atendiendo también a su funcionalidad, Fischer (2000) lo define como "todo escrito dirigido al público en general, y al no autóctono en especial, que informa sobre las cualidades de un lugar y sugiere su visita". González Pastor (2012) proporciona una definición más actualizada de texto turístico, que engloba ya las nuevas modalidades textuales de nuestro tiempo y considera el texto turístico un texto especializado:

> El texto turístico es un texto multifuncional, multidiscursivo y multidisciplinario, cuyo denominador común es informar, promocionar o convencer al destinatario de un determinado producto turístico. Sin embargo, en el texto turístico también tienen cabida textos especializados y profesionales cuyos destinatarios son los mismos profesionales del sector, así como nuevas modalidades textuales surgidas del uso de géneros discursivos novedosos, como son los blogs, los foros, los libros de visita o las páginas web privadas e institucionales de promoción de hoteles, vinculados todos ellos a Internet (p. 118).

En este sentido, los tres autores, siguiendo la terminología de Reiss (1976), otorgan a los textos turísticos dos funciones generales: una función informativa y otra función apelativa, ambas presentes en diferente medida dependiendo del texto turístico.

Delisle (1993) y la escuela canadiense también estudian los parámetros para la identificación del texto turístico y lo conciben como un texto

---

1   "Any text published by a public or private organisation of any kind intended a) to give information to any kind of visitor or b) to advertise a destination (city, hotel, restaurant, etc.) and encourage visitors to go there" (Kelly, 1997, p. 35).

pragmático[2] en el que se combinan denotación y connotación y en el que la realidad no suele ser objetiva, dado que "este tipo de texto comunica una información selectiva y ligada a las emociones" (Bugnot, 2005, p. 34). También resaltan la inmediatez de su utilidad y su carácter efímero.

Interesante pero no solamente aplicable a los textos turísticos es la propuesta de Zaro y Truman (1998), en la que mencionan que los mensajes publicitarios, los folletos de viaje y las guías turísticas pertenecen a la categoría de los textos "orientados al consumo". Los textos turísticos poseen, según Bugnot (2005), un carácter singular por "la diversidad de sus códigos semánticos, la multiplicidad de sus modalidades textuales y de sus funciones" (p. 38). Son textos que, en numerosas ocasiones, carecen de independencia y se ven absorbidos por otros, como los textos publicitarios, lo que dificulta aún más su pertenencia a cualquier tipología textual conocida.

Dentro de la ya mencionada multifuncionalidad de los textos turísticos, se observa una jerarquía de funciones según el tipo de texto. Así, se distinguirán una función primaria y otras funciones secundarias. Durán Muñoz (2008a) afirma que la función referencial ocupa el puesto prioritario en el discurso turístico con respecto a las demás funciones, ya que predominan las descripciones, las definiciones, las clasificaciones o las referencias. Sin embargo, no puede obviarse que la función operativa o apelativa también desempeña un papel primordial en la mayoría de textos turísticos, donde la persuasión suele ser constante.

## 1.2. Rasgos lingüísticos del discurso turístico

Desde el punto de vista léxico, el lenguaje del discurso turístico se caracteriza por su heterogeneidad al combinar unidades terminológicas procedentes de sectores como la historia del arte, la geografía, la gastronomía, la arquitectura, la ecología, la meteorología, la economía, los deportes, las tradiciones, la música y la danza, entre otros. Las áreas léxicas y los niveles de especialidad que existen son, por tanto, múltiples y de distinta naturaleza. Asimismo, se utilizan numerosos extranjerismos, especialmente anglicismos, ya sea a modo

---

2  [Le texte pragmatique] est plus dénotatif que connotatif; il renvoie à une réalité plus ou moins objectivée; il a pour but principal de communiquer une information; il donne lieu généralement à une seule interpretation; il a une utilité immédiate et souvent éphémère (Delisle, 1993, p. 31).

de préstamos ("charter", "overbooking", "trekking") o calcos ("sobreventa", "tiempo compartido", "de bajo coste") y se tiende a la innovación léxica y a la adquisición de neologismos ("agroturismo", "turismo sostenible", "eco-aldea"). Igualmente, no nos podemos olvidar de que en el discurso turístico hay una gran abundancia de referencias culturales (también denominadas *culturemas* o *realia*), lo que dificulta enormemente la traducción.

Desde el punto de vista estilístico, predomina el estilo nominal y la adjetivación con función valorativa y afectiva. Se tiende al uso abundante de comparativos y superlativos, proliferan los imperativos y las interrogaciones retóricas y, en general, los enunciados son breves, concisos y directos. En cuanto a los recursos estilísticos, se utilizan frecuentemente metáforas, hipérboles y metonimias para aportar belleza al texto y mantener la función poética y emotiva.

En el plano temático, el discurso turístico se caracteriza por dos aspectos: por un lado, existe una gran variedad de segmentos que se clasifican según la tipología del destino (turismo de sol y playa, turismo de aventura, turismo rural, turismo cultural, etc.); y, por otro lado, las temáticas procedentes de disciplinas relacionadas con el turismo, que ya hemos comentado anteriormente.

Atendiendo a la situación comunicativa en la que se enmarca, el discurso del turismo se desarrolla en dos niveles comunicativos: i) la comunicación profesional especializada, que tiene lugar entre profesionales del sector (agencias de viajes, hostelería, ferias y reuniones profesionales) y ii) la comunicación entre profesionales y usuarios, que puede desarrollarse tanto de forma directa (conversaciones en agencias de viajes) como indirecta (medios electrónicos o escritos donde se presenta y se describe el producto turístico).

Finalmente, atendiendo al aspecto formal de los textos turísticos, Bugnot (2005) señala que estos están ligados a unas convenciones formales que los hacen inmediatamente reconocibles como, por ejemplo, la constante presencia de elementos no lingüísticos como fotografías, dibujos y símbolos, que son elegidos de forma intencionada por el autor para representar y ensalzar la realidad. Con ellos, se pretende idealizar al referente designado por dicha fotografía, para convencer al posible turista. La tipografía del texto turístico también desempeña un papel muy importante al resaltar ciertas palabras o sintagmas clave para la coherencia textual y el sentido del texto (Durán Muñoz, 2008a).

## 1.3. Los géneros turísticos

Kelly (1997) nos habla de la amplia variedad de textos que se pueden encontrar en el ámbito turístico y que conforman los géneros textuales específicos de este ámbito. Entre ellos destacan la guía turística, el folleto turístico, los catálogos, los reportajes y artículos publicados en revistas especializadas y revistas no especializadas o de promoción (como revistas de líneas aéreas o revistas de puertos), los anuncios publicitarios y las páginas web de diferente naturaleza. Además de estos géneros, Kelly incluye los textos operativos para el turista, que serían los textos producidos por autoridades (aduana, policía) y las instrucciones o recomendaciones de diferentes empresas del sector[3]. Gross (1998) coincide con Kelly al señalar que el texto turístico incluye una amplia gama de textos en los que existe un denominador común que es el turista como destinatario:

> El término "texto turístico" es un hiperónimo que abarca varias subclases de texto como guías turísticas, catálogos de los grandes operadores, artículos sobre destinos vacacionales en los suplementos de los diarios, folletos de las oficinas de información de turismo, etc. Su denominador común es el destinatario, o sea, el turista o viajero al que se ofrece información sobre un determinado lugar, sus monumentos, su historia, sus tradiciones, itinerarios para visitarlo, alojamientos... con la intención latente o manifiesta de invitarle a visitarlo. (p. 3)

Sin embargo, la afirmación de Gross puede parecer parcialmente acertada si consideramos que existen ciertos géneros dentro del área del turismo (como determinados contratos e informes) que no van destinados precisamente al turista, sino más bien a especialistas, agentes u operadores que desarrollan una actividad dentro del sector turístico. No obstante, otros autores, como Calvi (2006), comparten la postura de Gross al señalar que los textos puramente turísticos son aquellos que van dirigidos al público, frecuentemente al turista y es en ellos donde podemos detectar los rasgos más notorios del texto turístico.

---

3   "This crearly covers a very wide range of text types, from brochures sent abroad to promote a particular destination through brochures available at the destination itself, tourist guides available in the tourist's home country, to menus, information brochures published by authorities responsible for monuments and other places of interest as written guides to them, conference programmes and other conference material, or police warnings regarding dos and don'ts for visitors" (Kelly, 1997, p. 35).

Kelly (1997) da cuenta de la gran variedad de géneros que comprenden el ámbito del turismo y establece dos grandes grupos de textos turísticos: por un lado, el material promocional del sector privado (hoteles, bares, restaurantes, espectáculos, instalaciones de ocio, instalaciones deportivas, entre otros) y, por otro lado, el material promocional del sector público (Patronatos de Turismo municipales y provinciales o empresas públicas).

En cuanto al primer grupo, el del material promocional del sector privado, Kelly incluye los folletos, los pósteres y los anuncios publicitarios. Sin embargo, en lo que respecta al material promocional del sector público, la autora distingue muchos más géneros textuales:

- Folletos
- Pósteres
- Anuncios publicitarios
- Guías de organismos públicos (también promocionales)
- Guías de editoriales comerciales (no promocionales)
- Textos informativos para el turista:
  - De las empresas hoteleras (servicios disponibles)
  - De las empresas de restauración (cartas)
  - De las empresas de organización de congresos (servicios disponibles, programas de congresos, información práctica)
  - De las empresas de transporte (rutas, servicios de urgencia, información práctica)
- Textos operativos para el turista:
  - De las autoridades (legislación sobre importación/exportación, advertencias sobre la seguridad ciudadana, etc.)
  - De las diferentes empresas del sector (instrucciones, recomendaciones, etc.) (p. 35)

A pesar de la gran variedad de géneros turísticos propuestos por Kelly, su distinción entre sector público y sector privado no parece ser la más acertada para catalogar los distintos géneros turísticos porque puede generar cierta confusión el hecho de incluir el mismo género textual en ambos sectores.

La propuesta de clasificación realizada por Calvi (2010), basada en el modelo planteado por García Izquierdo y Monzó Nebot (2003), constituye un exhaustivo estudio sistemático de los géneros turísticos que se articula en torno a un razonado esquema jerarquizado en el que se distinguen familias de géneros, macrogéneros, géneros y subgéneros.

Calvi (2010) considera que las propuestas basadas en la noción de género son las más apropiadas para analizar las peculiaridades de los textos turísticos y su relación con el contexto sociocultural en el que se insertan, ya que el concepto de género "ofrece un marco de análisis para los elementos lingüísticos y metadiscursivos, englobando las aportaciones tradicionales del análisis léxico y textual" (p. 11). Desde este punto de vista, la autora esboza una clasificación de los géneros textuales turísticos capaz de reflejar la complejidad de las relaciones profesionales implicadas[4].

Ante la multiplicidad creciente de géneros en el ámbito turístico, Calvi (2010) propone una clasificación multidimensional, abierta y dinámica, en la que tengan cabida "las posibles ramificaciones, intersecciones y modalidades combinatorias entre géneros distintos" (p. 20). La propuesta de Calvi, fundada en criterios formales, funcionales y discursivos, tuvo su punto de partida en 2006. En esa primera clasificación, posteriormente considerada por ella misma incompleta, ya reseñaba algunos géneros turísticos (guía, folleto, anuncio, catálogo, artículo y reportaje, documento de viaje y página web) y los clasificaba atendiendo a su medio de difusión (libro, desplegable, hoja suelta o Internet, entre otros), a la función o funciones dominantes (informar, dirigir o seducir), a las tipologías textuales empleadas (por ejemplo, descriptiva, argumentativa o instructiva) y a su relación con la práctica social del turismo.

---

4  En su artículo "Los géneros discursivos en la lengua del turismo: una propuesta de clasificación" (2010, p. 9–31), Calvi ofrece una clasificación textual del texto turístico en el marco del proyecto de investigación Linguaturismo, que tiene por objetivo la creación de corpus textuales paralelos y comparables en español e italiano. Véase www.linguaturismo.it.

*Tabla 1: Géneros turísticos y sus características (Calvi, 2006, p. 54–55)*

| Género | Formato o medio de difusión | Función | Tipología textual |
|---|---|---|---|
| Guías turísticas | Libro | Informar, aconsejar, dirigir | Descriptiva, expositiva, instructiva |
| Folletos | Desplegable o cuadernillo | Informar, promover una imagen, seducir | Descriptiva, expositiva, argumentativa |
| Anuncios publicitarios | Prensa, medios de difusión | Persuadir, promover una imagen, vender un producto | Argumentativa, exhortativa, conversacional |
| Catálogos | Fascículo, cuaderno | Persuadir, vender un producto, informar | Descriptiva, instructiva, argumentativa |
| Artículos y reportajes | Revistas, periódicos | Informar, aconsejar, dirigir, persuadir | Descriptiva, expositiva, narrativa, instructiva |
| Documentos de viaje | Tarjetas, hojas sueltas | Dirigir, prescribir | Textualidad reducida a formularios |
| Páginas web | Internet | Informar, aconsejar, persuadir, promover una imagen, vender un producto | Descriptiva, expositiva, narrativa, instructiva, argumentativa, conversacional |

En general, observamos que dos son las funciones predominantes en la mayoría de géneros turísticos: *informar* al lector y/o *persuadirlo*.

En el primer caso, en los textos informativos, la información práctica está referida a "los medios de transporte, alojamientos, restauración, horarios de visitas, compras y todo tipo de consejos útiles tanto para la planificación del viaje como durante su realización" (Calvi, 2006, p. 33). Estos textos se caracterizan por un estilo descriptivo, objetivo e impersonal, aunque deben ser útiles para todos los turistas y, por tanto, en ocasiones sí que pueden darles consejos sobre, por ejemplo, los mejores restaurantes, hoteles y bares.

En el caso de los textos persuasivos, el objetivo es convencer al lector para comprar ciertos productos, en este caso, un viaje a un determinado destino. Es importante que el autor del texto conozca a sus destinatarios porque tiene que convencerlos y necesita saber cuáles son sus intereses, desintereses e incluso sus características lingüísticas. Así, por ejemplo, el estilo y el modo de expresarse del autor cambiará dependiendo de si se trata de un texto para jóvenes o de un texto para familias con hijos pequeños, ya que los intereses de estos dos grupos son totalmente diferentes.

Posteriormente, en 2010 (p. 22–27), Calvi amplía esta clasificación, obteniendo como resultado una más flexible y completa. En concreto, su clasificación se basa en un esquema jerarquizado que abarca niveles superiores, como familias de géneros, e inferiores, como subgéneros:

- **Familias de géneros:** es el nivel superior y queda definido por la comunidad profesional de origen y por sus objetivos principales. He aquí las principales familias de géneros:
  - *Géneros editoriales:* guías de viajes, revistas de viajes y turismo, etc. Se elaboran en el mundo editorial y responden a la demanda de información por parte del turista.
  - *Géneros institucionales:* folletos, anuncios de destinos turísticos, páginas web institucionales, etc. Se originan en los organismos oficiales (gobiernos nacionales, comunidades autónomas, ayuntamientos, etc.) con el objetivo de posicionar la imagen de un destino turístico.
  - *Géneros comerciales:* anuncios comerciales, catálogos de viajes, folletos de hoteles, páginas web de agencias, etc. Se desarrollan en los departamentos de marketing de las agencias y otras empresas de turismo y están orientados a promover la venta del producto turístico.
  - *Géneros organizativos:* billetes, reservas, cartas, facturas, contratos, informes, etc. Son propios de las agencias y otros sectores y se utilizan para sus relaciones internas y externas.
  - *Géneros legales:* normativas, reglamentos, etc. Pertenecen al campo del derecho y están orientados a reglamentar las distintas facetas de las actividades turísticas.
  - *Géneros científicos y académicos:* artículos y libros de sociología, antropología del turismo, etc. Se utilizan en las distintas disciplinas que enfocan el fenómeno del turismo.
  - *Géneros informales:* foros y *blogs* de viajeros. Comprenden aquellos textos en los que el mismo turista se transforma en experto y emisor del discurso turístico, expresando sus propias opiniones y valoraciones.

Estas categorías no son excluyentes, sino abiertas a cambios y adiciones. Podemos observar también que la clasificación de Calvi está actualizada y adaptada a los nuevos tiempos en los que cada vez se pueden consultar más textos turísticos en Internet.

- **Macrogéneros:** esta categoría ya define productos tangibles, identificables por el emisor y el canal utilizado, así como por el objetivo dominante. Se caracterizan por la hibridación de diferentes géneros, tipologías textuales, estilos, etc. Algunos macrogéneros son exclusivos de una familia de géneros, mientras que otros pertenecen a familias diferentes. Calvi distingue los siguientes macrogéneros:
  - *Guía de turismo:* publicación editorial en forma de libro u otro soporte que contiene, además de la guía descriptiva propiamente dicha, itinerarios de viaje, guías prácticas, etc., así como elementos gráficos (mapas, dibujos, fotografías, etc.).
  - *Folleto:* publicación de distribución gratuita, en forma de cuadernillo o desplegable que también suele combinar partes descriptivas con secciones prácticas y elementos gráficos. A diferencia de la guía, el folleto se caracteriza por su estilo promocional, muy cercano al lenguaje publicitario.
  - *Revista de viajes y turismo:* contiene artículos, reportajes, guías prácticas, anuncios, etc.
  - *Catálogo de viajes:* contiene programas de viaje, fichas de hoteles, normativas, etc. Tradicionalmente suele encontrarse en formato papel, con abundancia de elementos gráficos y fotografías, pero también lo encontramos en formato electrónico en la web de las agencias de viajes.
  - *Páginas web:* emitidas por instituciones nacionales, autonómicas o municipales, o bien por organizaciones comerciales o comunidades de viajeros. Contienen guías descriptivas, guías prácticas, secciones reservadas a los profesionales (con foros y normativas), foros de viajeros y *blogs*.

- **Géneros:** en este nivel ya se empiezan a discernir los rasgos lingüísticos distintivos. Los géneros tienen una autonomía funcional y formal, pero pueden enmarcarse dentro de un macrogénero, como hemos observado con anterioridad. Algunos ejemplos citados por Calvi (2010, p. 25) son:
  - *Guía descriptiva:* es la guía propiamente dicha, que pretende informar orientando la mirada. Puede ir dirigida a un tipo de público en concreto y aparecer en diferentes formatos (audioguía, guía para *Ipod*, etc.).

- *Itinerario:* es una variante, más dinámica y participativa, de la guía descriptiva. Se emplea en las guías de turismo, en los folletos, en las revistas o en las páginas web con el objetivo de ordenar las etapas de un viaje o de una visita.
- *Guía práctica:* contiene informaciones sobre hoteles, restaurantes, bares, etc., agrupadas en fichas, listas y esquemas. Hay gran abundancia de elementos gráficos y se encuentra en las guías de turismo, en los folletos y en las revistas. Puede comprender secciones tales como "Dónde comer", "Dónde dormir", "Compras", etc.
- *Programa de viaje:* es muy similar al itinerario, pero se diferencia en cuanto que constituye una oferta de servicios realizada por una agencia. Se encuentra en los catálogos, en las páginas web de los turoperadores, en las comunicaciones de la agencia al viajero, etc.
- *Reportaje:* género periodístico, de estilo descriptivo, relacionado con los libros de viaje y se distingue porque se refiere a un viaje singular y admite la perspectiva subjetiva.
- *Anuncio:* género propio de la publicidad que, en el ámbito turístico, adquiere un carácter específico en el caso de los anuncios de destinos promovidos por las instituciones.
- *Informe de turismo:* género propio de los especialistas que contiene información de tipo económico o sociológico.
- *Billetes, reservas, contratos, cartas, hojas informativas, etc.:* documentos organizativos propios de las agencias y otras empresas de turismo.
- *Normativas de turismo:* pertenecen a la familia de los géneros legales y cubren distintas áreas de la gestión (hostelería, contratos, transportes, etc.).
- *Foros de viajes y blogs de viaje:* variante turística de unos géneros propios de Internet. Los viajeros asumen el papel de expertos, intercambiando opiniones y valoraciones sobre los destinos y productos turísticos. En el caso del *blog*, se comparte incluso el relato del viaje realizado.

- **Subgéneros:** quedan definidos mediante una especificación temática. De hecho, podemos distinguir los siguientes apartados temáticos: paisaje, arte e historia, gastronomía, artesanía, espectáculos y diversiones o deportes, combinables con los diferentes géneros para crear un mapa identificativo de cada ficha almacenada. Por ejemplo, en el género "guía descriptiva" pueden distinguirse subgéneros como guías de hoteles, guías de ciudades, guías de parques naturales, entre otros.

Esta clasificación propuesta por Calvi resulta relevante para el estudio del texto turístico, ya que, por una parte, constituye el primer acercamiento a la sistematización de este tipo de textos y, por otra, pone de manifiesto la vasta multitextualidad de los géneros turísticos. No obstante, cabe señalar que la propia Calvi reconoce la dificultad de situar algunos géneros debido a su heterogeneidad. Antes de finalizar con la clasificación de los géneros del turismo, conviene prestar especial atención al desarrollo de estos géneros a través de la Red, que ha determinado la "recontextualización" (Linell, 1998) de muchos géneros, rompiendo con las convenciones y creando nuevos horizontes de espera en los destinatarios. Es evidente que la cantidad de textos turísticos que se pueden consultar a través de Internet es inmensa, desde la versión digital de documentos en papel como folletos o catálogos de viajes hasta la creación de nuevos géneros, entre los que destacan, por ejemplo, las páginas web institucionales, que, a la vez que cuidan el aspecto promocional de los anuncios y de los folletos, presentan información detallada, propia de las guías. Dichos textos turísticos electrónicos se benefician también de "la flexibilidad y de la interactividad del medio (imágenes, vídeos, buscadores y vínculos)" (Calvi, 2010, p. 20). Asimismo, otros géneros propios de Internet, como los foros de debate y los blogs, han experimentado un gran desarrollo en el ámbito turístico, ya que permiten la participación de los viajeros en la difusión y en el intercambio de la información, así como la discusión entre profesionales.

## 1.4. ¿Traducción especial(izada)?

A pesar de la amplia variedad de géneros turísticos que dan cuenta de la especialización de este sector, la traducción de textos turísticos como traducción especializada, tanto en el ámbito profesional como en el académico, tiende a infravalorarse. De hecho, la bibliografía sobre este tema es muy escasa, ya que la mayoría de los teóricos de la traducción lo han ignorado o, dicho de otro modo, no han otorgado a la traducción turística una identidad propia, sino que normalmente la han relacionado con la traducción general de textos. Lo más habitual es que el lenguaje del turismo se incluya en la categoría de lenguas especiales y se considere un lenguaje sectorial (Alarcos Llorach, 1982) o profesional (Moreno Fernández, 1999). En esta línea, Calvi (2006) concibe el lenguaje turístico como un lenguaje para fines específicos que engloba tanto la comunicación entre especialistas como aquella entre expertos y usuarios. Asimismo, dicha autora señala que el lenguaje del turismo puede ser considerado como una lengua de especialidad que posee géneros propios adaptados a las diferentes finalidades comunicativas y que crea su propio léxico especializado. De acuerdo con Calvi, González Pastor (2012) también encuadra a los textos turísticos dentro de los lenguajes de especialidad o para fines específicos debido a que presentan elementos terminológicos, discursivos, pragmáticos y macrotextuales propios. Siguiendo en esta misma línea de lenguaje turístico como lenguaje de especialidad y como señala Gamero Pérez (2005), un gran número de autores considera que el discurso turístico se sitúa en un nivel de semi-especialización desde el punto de vista terminológico.

Parece intuirse entonces que la condición de lenguaje turístico como lenguaje especializado suele evitarse y, en su lugar, se emplean otras descripciones como las ya señaladas: lengua especial, lenguaje sectorial, lenguaje profesional, lenguaje para fines específicos y lengua de especialidad. Sin embargo, no puede negarse que, desde una perspectiva léxico-terminológica, el discurso turístico adquiere la consideración de lenguaje especializado. De hecho, Calvi (2000) distingue tres amplios bloques léxicos que hacen del lenguaje turístico un lenguaje especializado:

1. Términos referidos a las estructuras y la organización turística que se emplean en la comunicación entre los profesionales de los distintos sectores como, por ejemplo, las agencias de viajes y de transportes. Predomina el uso de anglicismos, tales como *charter*, *check-in*, *overbooking*, entre otros.
2. Términos procedentes de sectores y disciplinas relacionados con el turismo como la economía, la historia del arte o la gastronomía.
3. Términos periféricos del léxico del turismo que se utilizan en la comunicación dirigida al público. Se trata, la mayoría de las veces, de palabras del lenguaje general, como adjetivos calificativos que exaltan la belleza de un destino (*espléndido, elegante, irrepetible, inolvidable, lujoso*). (p. 57–59)

Por tanto, dada la especialización de la terminología turística, puede decirse que el traductor turístico

> ...se convierte en un mediador intercultural y adquiere un papel primordial en la actividad turística. Asimismo, debe actuar de la misma manera que cualquier otro traductor de textos especializados, es decir, debe transmitir adecuadamente el contenido, la función y las referencias culturales del texto turístico original, teniendo en cuenta las características particulares del lenguaje turístico. (Durán Muñoz, 2008a, p. 3)

Asimismo, Durán Muñoz, basándose en Dann (1996), Kelly (1997) y Calvi (2000), señala que el lenguaje del turismo posee sus propios rasgos léxicos, sintácticos y textuales que justifican su inclusión dentro de los discursos especializados. Por tanto, no existe razón alguna para considerarlo como parte del lenguaje general ni como parte de otros lenguajes especializados. Así, el lenguaje del turismo se debe considerar, sin duda, un lenguaje independiente especializado que presenta sus propios rasgos y su propia terminología[5], tal y como sugiere Pierini (2007) en esta afirmación:

> The complexity of promotional tourist discourse is underestimated by clients and translators: it may appear to be deceptively easy to translate with its extensive use of general language; yet, it is a specialized discourse with specific linguistic/cultural features. (p. 99)

En este libro la traducción turística también es considerada una traducción especializada y, por tanto, el discurso turístico para nosotros será un discurso especializado que, como tal, puede plantear problemas de traducción. Sin embargo, no puede ignorarse que la inclusión del lenguaje turístico en el área de los lenguajes especializados es un asunto no exento de debate.

En primer lugar, en la línea de Durán Muñoz (2008b), consideramos que un aspecto importante que ha relegado la traducción turística al plano

---

5   "As other relevant authors (Calvi 2000, Dann 1996, Kelly 1997), we defend that tourism language shows some particular lexical, syntactic and textual features which justify its inclusion as a specialized discourse. And, therefore, we do not find any justification to consider it part of general language, despite its low-medium level of specialized terminology, nor to consider it part of other specialized languages, in spite of being greatly influenced by other disciplines as mentioned before. Thus, language of tourism must be definitely considered an independent specialized language which presents its own features and terminology" (Durán Muñoz, 2011b, p. 32–33).

de la traducción general es el predominio de la comunicación especialista-usuario. De hecho, este tipo de comunicación presenta menor dificultad de comprensión que otras comunicaciones realizadas entre especialistas. No obstante, el discurso turístico conserva sus rasgos de lenguaje especializado incluso a este nivel comunicativo debido a la presencia de terminología específica, a sus funciones principales y a sus rasgos lingüísticos propios. Gotti (2006) también señala que en el ámbito turístico se da tanto una comunicación interna (entre especialistas) como externa (entre especialista y usuario):

> El lenguaje turístico tiene diferentes niveles de expresión: por un lado, este lenguaje representa una instancia de un discurso altamente especializado utilizado por expertos del campo turístico para comunicarse; por otro lado, cuando se adapta a interacciones entre especialistas y legos, tiende a asimilarse más a discursos generales. (p. 21).

El debate de considerar el lenguaje turístico como lenguaje especializado radica, por tanto, en que el primero aparece como un lenguaje genérico, escrito para un público amplio que no necesita preparación técnica alguna o conocimientos científicos para entender dicho lenguaje (Nigro, 2006). Calvi (2006) también afirma que en el lenguaje turístico se ve, por un lado, el perfil profesional de la industria del turismo y del ocio, pero, por otro lado, resulta difícil delimitar las fronteras de este lenguaje, sobre todo, porque combina elementos heterogéneos desde "la economía a la historia del arte y la gastronomía" (p. 9). Podríamos afirmar, por tanto, que estos diferentes sectores trasladan su propio lenguaje al texto turístico, de modo que este se convierte en un lenguaje especializado. Esta idea nos llevaría a pensar que el lenguaje turístico necesita de la lengua estándar para transmitir ideas, información y conceptos de cierto campo específico, que posee también su propio lenguaje y términos.

En los últimos años, esta traducción, "a simple vista cercana y fácil de comprender" (Dann, 1996), ha empezado a recibir la atención merecida como traducción especializada. De hecho, es cada vez más frecuente encontrar recopilaciones y eventos dedicados al lenguaje turístico y a su traducción. Entre las recopilaciones, podemos citar, por ejemplo, el conocido *Diccionario de términos de turismo y de ocio* (Alcaraz Varó et al., 2000), la monografía *El léxico del discurso turístico* (publicada por la Univesidad de Valencia y el IULMA) o el número especial de la Revista Ibérica (número 31, 2016) sobre el lenguaje del turismo 2.0. En los últimos años, además, se han celebrado congresos dedicados exclusivamente a este tipo de discurso como, por ejemplo, el Congreso CERLIS (Centro di Ricerca sui Linguaggi Specialistici) celebrado en el año 2016 en Bérgamo (Italia) bajo el título "Ways of seeing, ways of being: representing the voices of tourism" o el Congreso Internacional "Lenguas, Turismo y Traducción" celebrado en 2017 y 2018 en la ciudad de Córdoba (España).

La Organización Mundial del Turismo (OMT) dispone, además, de una base de datos terminológica multilingüe, *TourisTerm*[6], creada para los traductores de la OMT y que contiene no solo los términos equivalentes en los cinco idiomas de la Organización (árabe, español, francés, inglés y ruso), sino también las definiciones de tales términos, así como enlaces a referencias en línea y otra información de utilidad. Asimismo, en el año 2000, la OMT publicó el *Tesauro de Turismo y Ocio multilingüe* que se realizó en el marco de un convenio entre la Dirección de Turismo de Francia y la OMT y está basado en un tesauro monolingüe anterior publicado en 1992 por la Administración de Turismo de Francia. En el documento de presentación de dicho Tesauro se reconoce la dificultad de delimitar la actividad turística, ya que esta "solo se da a modo de ósmosis con otras actividades sociales, con frecuencia de alcance más extenso, y restringir la definición del turismo al ocio y a las vacaciones reduciría en gran medida su sentido" (2000, p. 1)[7]. Por este motivo, se concibe al turismo no como un campo, sino como un eje semántico que agrupa veinte campos semánticos[8] que representan la actividad turística:

---

6   Se pueden realizar búsquedas en la siguiente página web: http://www.unwto. org/WebTerm6/UI/index.xsl.

7   Se formulan dos preguntas en el documento de presentación del *Tesauro de Turismo y Ocio* que resumen perfectamente la dificultad de delimitar la actividad turística: "¿Debe adoptarse una concepción estrecha, pero rigurosa, de la esfera turística, apartando sistemáticamente todo lo que no es específico de esta esfera? ¿O ha de optarse por una visión mucho más amplia, que integre el turismo en campos tan extensos como la economía, el patrimonio, la cultura, la sociología, el derecho, la política, etc., representando entonces el turismo solo una "faceta" o "sección" de estos campos de conocimientos y actividades?" (2000, p. 1).

8   Entendemos por campo semántico el conjunto de descriptores pertenecientes a una misma familia conceptual (Tesauro de Turismo y Ocio multilingüe, 2000, p. 2).

*Tabla 2: Campos semánticos de la actividad turística (OMT, 2000, p. 1–2)*

| | |
|---|---|
| 01. Actividades deportivas | 11. Ocio |
| 02. Legislación turística | 12. Acontecimientos turísticos |
| 03. Alojamiento | 13. Patrimonio turístico |
| 04. Ecología del turismo | 14. Política turística |
| 05. Economía del turismo | 15. Servicios turísticos |
| 06. Instalaciones turísticas | 16. Profesionales del turismo |
| 07. Movimientos turísticos | 17. Promoción turística |
| 08. Formación y empleo | 18. Ciencia e información |
| 09. Sociología del ocio | 19. Turismo sectorial |
| 10. Transportes | 20. Países y agrupaciones de países |

Estas recopilaciones, eventos y recursos constituyen solo una muestra del evidente reconocimiento que el lenguaje turístico está empezando a recibir desde el punto de vista de su especialización. Es más, hoy en día, en muchos planes de estudios de universidades españolas se incluye una asignatura dedicada a la traducción turística. Es el caso de la Universidad Pompeu Fabra, donde los textos turísticos quedan incluidos, junto con los textos de cocina y los textos publicitarios, en la asignatura de "Traducción inversa" en la que se abordan los problemas derivados de la transferencia cultural. La Universidad de Granada también ofrece una asignatura optativa de "Traducción de textos divulgativos" en la que se incluye la traducción de folletos turísticos. La Universidad de Alicante, por su parte, contempla en sus estudios de Traducción la asignatura de "Traducción de textos turísticos y de las industrias del ocio", al igual que la Universidad de las Palmas, que ofrece la asignatura de "Traducción turístico-comercial". Aunque en muchas universidades la traducción turística aún no ha adquirido una identidad propia y sigue a merced de la traducción general, bien es cierto que empieza a vislumbrarse cierto carácter autónomo.

La traducción turística como traducción especializada suscita entonces la necesidad de formar traductores que sean capaces de elaborar traducciones de calidad y así satisfacer las necesidades de los turistas extranjeros que visitan nuestro país.

## 1.5. El traductor de textos turísticos

La importancia del turismo en la economía española no se ve reflejada en la calidad de las traducciones turísticas, a las que parece prestarse una atención insuficiente desde una perspectiva profesional. Existe, pues, una necesidad latente de profesionalización de los traductores turísticos, que deben desarrollar de forma especial determinadas competencias para poder enfrentarse a las dificultades y condicionamientos específicos de la traducción turística.

Ante todo, resulta casi obligado mencionar que todo traductor, por excelencia, es un mediador entre lenguas y culturas y, por tanto, desempeña dos papeles fundamentales durante el proceso traductor: el papel de mediador lingüístico y el de mediador cultural. Consecuentemente, es obvio que el traductor deba contar no solo con una formación lingüística, sino también con una formación cultural de las lenguas con las que trabaja. En todos los textos se encuentran referencias a la cultura origen, ya sea con respecto a su formato, a la terminología utilizada, a su estilo, etc.; por ello, el traductor debe identificar estos elementos culturales y adaptarlos eficientemente a la cultura de llegada y, para ello, debe ser consciente de las diferencias entre las lenguas en cuestión. Su propósito será el de acercar el texto al lector meta, transmitirle el contenido del texto de partida y conservar la función concretada en el encargo (Durán Muñoz, 2008b).

En el ámbito turístico, el contacto directo entre culturas es aún mayor, ya que incluye folklore, costumbres, gastronomía o normas. En este sentido, el traductor turístico se convierte en un mediador intercultural y, por tanto, poseedor de la adecuada competencia cultural. Schäffner (2000) concibe este tipo de competencia como "el conocimiento general sobre los aspectos históricos, políticos, económicos y culturales de los países respectivos" [Traducción propia] (p. 146)[9]. Kelly (2002) adopta una postura más amplia sobre el concepto de competencia cultural, ya que esta competencia no solo comprende conocimientos enciclopédicos con respecto a los países donde se hablan las lenguas correspondientes, sino también sobre los valores, mitos, percepciones, creencias y comportamientos y sus representaciones textuales. Por tanto, lo ideal es que el traductor conozca las principales instituciones

---

9   "Cultural competence, i.e. general knowledge about historical, political, economic, cultural, etc. aspects in the respective countries" (Schäffner, 2000, p. 146).

socio-culturales de ambas comunidades lingüísticas en su contexto histórico y social, así como los valores, mitos y creencias compartidas que condicionan los comportamientos de ambas culturas.

Esta competencia cultural del traductor también la contempla la última Norma Europea de Calidad para los Servicios de Traducción (EN-15038), publicada en mayo de 2006, según la cual la competencia cultural hace referencia a la capacidad de hacer uso de la información relativa a las particularidades lingüísticas, culturales, técnicas y geográficas, a las pautas de comportamiento y a los sistemas de valores que caracterizan las culturas origen y destino. La competencia cultural resulta, por tanto, imprescindible en la traducción turística, pues la cultura origen está muy presente en los textos turísticos y no siempre presenta una simetría con la lengua meta. En este sentido:

> El traductor debe conocer ambas culturas para poder transferir correctamente la traducción del texto origen a la cultura meta a la vez que mantiene su finalidad comunicativa. De esta manera, el traductor realizará una transposición lingüística a la vez que cultural, con lo cual conseguirá un acercamiento del lector meta al texto original y, por tanto, una comunicación y una mediación adecuada y satisfactoria. (Durán Muñoz, 2008b, p. 110)

Sin embargo, aunque esta situación sería la deseable, la mayoría de las veces el resultado del proceso traductor se aleja de ese ideal. A este respecto, Fischer (2000) señala que para la correcta traducción de textos turísticos debe producirse una "constelación ideal", que ejemplifica de la siguiente manera: "un traductor profesional alemán que vive en el lugar indicado [en España], con amplios conocimientos del ámbito en cuestión (historia del arte, etc.) y con dominio perfecto del castellano; o bien vicerversa, un traductor profesional español que vive en el lugar indicado en Alemania...".

Aunque es, sin duda, la competencia cultural aquella que desempeña un papel dominante en la traducción de textos turísticos, no es la única imprescindible, pues entran en juego otras competencias aplicables a todo tipo de traducciones: competencia lingüístico-textual, competencia traductológica, competencia heurístico-documental y competencia técnica.

La competencia lingüístico-textual en los idiomas origen y destino hace referencia a la capacidad de entender el idioma origen y dominar el idioma destino. La competencia textual contempla también el conocimiento de las convenciones de tipo de texto en relación con el mayor número posible de lenguajes especializados y no especializados y la capacidad de aplicar estos conocimientos en la producción de textos. Esta competencia es fundamental para la traducción turística, puesto que está estrechamente relacionada con la terminología específica, las características morfosintácticas y ortotipográficas y las convenciones textuales del discurso turístico. De acuerdo con Durán Muñoz (2008b), la parte más importante de esta competencia es aquella referente a la terminología turística, puesto que se trata de la parte más compleja del discurso turístico. Como ya se ha mencionado, esta terminología está formada por términos procedentes de otras disciplinas, términos específicos del discurso turístico, culturemas, neologismos, extranjerismos, siglas, acrónimos, unidades fraseológicas y falsos amigos.

La competencia traductológica hace referencia a la capacidad de traducir textos al nivel requerido y, por tanto, incluye la capacidad de analizar los problemas de comprensión y producción del texto, así como la capacidad de entregar el texto meta de conformidad con lo estipulado en el acuerdo entre el cliente y el proveedor de servicios de traducción y de argumentar las decisiones adoptadas. En el terreno de la traducción turística, esta competencia se refiere a la adaptación que realiza el traductor profesional a la hora de traducir un texto turístico con una finalidad concreta. En este sentido, el traductor turístico debe tener en mente cuál es el objetivo final de la traducción que está realizando.

La competencia heurístico-documental hace referencia a la capacidad de adquirir el conocimiento lingüístico y especializado adicional necesario para entender el texto origen y producir el texto meta. La capacidad investigadora requiere experiencia en el uso de herramientas de búsqueda y la capacidad de desarrollar estrategias adecuadas para hacer un uso eficaz de las fuentes de información disponibles. Esta competencia es otra de las competencias prioritarias a la hora de traducir un texto turístico, ya que, dada la diversidad terminológica del discurso turístico, el traductor se ve obligado a realizar una labor documental seria y a consultar fuentes lexicográficas especializadas en el lenguaje turístico.

Finalmente, la competencia técnica, directamente relacionada con la competencia documental, hace referencia al manejo de las nuevas tecnologías, a la utilización de herramientas de ayuda a la traducción, como las memorias de traducción, y a la búsqueda en Internet de textos paralelos o comparables para facilitar la traducción.

Todas estas competencias, aplicadas correctamente, mejorarían la comunicación interlingüística con el turista extranjero, lo que daría como resultado un incremento en la integración de los turistas en nuestro país (Durán Muñoz, 2008b). Sin embargo, el no cumplimiento de estas competencias suele resultar en un texto deficientemente traducido en cuanto a los rasgos propios del lenguaje turístico, es decir, carente de mediación cultural. El resultado será un texto meta al que no están acostumbrados sus lectores y, por tanto, la finalidad comunicativa no quedará plasmada. Lamentablemente, en términos generales, el traductor de textos turísticos no suele reunir las competencias necesarias para realizar una traducción profesional y de calidad, debido fundamentalmente a su escasa formación en traducción turística y a su limitado conocimiento de las características propias del discurso turístico. La traducción turística no debería ningunearse y, al igual que sucede con otras traducciones especializadas, el traductor de textos turísticos debería contar con una formación académica específica que le permita enfrentarse a los principales problemas, dificultades y condicionamientos específicos que plantea este tipo de traducción.

En el caso de la traducción turística, encontramos ciertos problemas de traducción que se repiten en la mayoría de los textos turísticos, es decir, se trata de problemas intrínsecos al discurso turístico. Así, numerosos teóricos de la traducción, entre los que destacan Nobs (2003) y Durán Muñoz (2012a), coinciden en que tanto la subordinación de la traducción turística como la falta de información son dos de los problemas principales. La subordinación de la traducción turística se refiere al hecho de que, en el lenguaje turístico, las imágenes e iconos de los textos constituyen una parte importante del mensaje que se quiere difundir y, por ello, a menudo se le denomina traducción subordinada. En este tipo de traducción, "los elementos verbales y los no verbales se entrelazan y dan lugar a un todo indisoluble" (Fuentes Luque, 2005, p. 88), en el que el texto aparece estrechamente vinculado a la imagen. Esta subordinación de la imagen al texto y viceversa supone un doble esfuerzo para el traductor, que no solo deberá traducir el texto, sino que también deberá adaptarlo a las imágenes en el producto final. Por su parte, la falta de información se refiere a la importancia de contar con un encargo que detalle la función de la traducción y sus posibles destinatarios. En palabras de Durán Muñoz (2012a), "si el encargo de un texto turístico no va acompañado de dichas indicaciones y el traductor no tiene posibilidad de preguntar ni de acceder al material que acompaña al texto, la equivalencia comunicativa se verá gravemente afectada". (p. 107)

Otro de los problemas de la traducción turística es la abundancia de frases ambiguas o con doble sentido que buscan sorprender al receptor e insinuarle dos significados diferentes pero relacionados. Por ejemplo, en un folleto gastronómico de la Región de Murcia, se identifica la expresión "caerás rendido a sus patas" en referencia al delicioso sabor del jamón. En este caso, nos encontramos con una locución que se ha alterado para crear un efecto concreto en el lector y que remite a la expresión española "caer rendido a los pies de alguien". En ejemplos como este, el traductor se encuentra en un dilema entre doble sentido en la lengua original y falta de equivalencia en la lengua de llegada y, por tanto, debe decantarse por una técnica concreta a la hora de traducir (Navarro Coy y Soto Almela, 2014).

Nobs (2003) y Durán Muñoz (2012a) señalan que otro problema radica en la variedad de términos procedentes de otras disciplinas, lo que exige amplios conocimientos en dichos campos o una buena labor de documentación. No se olvidan estas autoras del problema de la presencia de términos culturales o culturemas en el léxico del turismo, que desarrollaremos con mayor profundidad en el siguiente capítulo.

Finalmente, entre los problemas de la traducción turística, ocupa una posición relevante la abundancia de nombres propios de personas y de topónimos. El problema aquí yace en que no existe una sistematización que indique si se deben traducir o no y la necesidad de traducirlos está relacionada con las reglas de cada lengua que, a su vez, están sujetas a cambios a lo largo del tiempo. A este respecto, Durán Muñoz (2012a) indica que el traductor "debe conocer las convenciones seguidas en las culturas origen y meta para obtener una traducción adecuada o, al menos, ser capaz de realizar búsquedas de documentación para poder realizar la traducción de los nombres propios de forma adecuada". (p. 109)

Algunas dificultades que señala Fischer (2000) en la traducción de este tipo de textos son la falta de conocimiento sobre el destino turístico y sus características y los límites que pueden presentar los documentos consultados (atlas, guías, enciclopedias, entre otros), que nunca podrán sustituirse por una estancia en el respectivo país. No podemos olvidarnos de otra de las dificultades esenciales de la traducción turística, su direccionalidad, y es que este tipo de traducción se realiza generalmente de forma inversa, lo que da lugar a problemas de expresión y de comunicación y a una traducción demasiado literal del texto de partida. Esta direccionalidad inversa "se debe principalmente a que las traducciones turísticas se llevan a cabo en el país de destino de los turistas y, por tanto, por traductores nativos de dicho país" (Durán Muñoz, 2012a, p. 110). Las traducciones inversas no deberían presentar ningún problema si se realizaran por traductores cualificados y competentes. De hecho, muchos expertos (Pedersen, 2000; Mackenzie y Vienne, 2000) también defienden la traducción inversa, aunque señalan que es necesaria una revisión íntegra por parte de hablantes nativos con objeto de incrementar la calidad de este tipo de traducciones.

Kelly (1997) va más allá de las meras dificultades que ha de afrontar el traductor de un texto turístico y elabora una lista con los seis errores más frecuentes en la traducción de este tipo de textos, basándose en diversos ejemplos de traducciones turísticas del español al inglés publicadas en España y escogidas aleatoriamente. Dichos errores son:

1) Style (estilo).
2) Information loss due to retention of Spanish term (pérdida de información debido a la conservación del término español).
3) Lack of explanation of implicit information (falta de explicación de la información implícita).
4) Non-adaptation of system of weights and measures (no adaptación del sistema de pesos y medidas).
5) Information overload not resolved by omission or generalisation. Differing cultural values (excesiva información no resuelta mediante omisión o generalización. Diferentes valores culturales).
6) Non-introduction of culturally relevant information not included in source text (falta de información cultural importante no incluida en el texto origen). (p. 38)

En algunas ocasiones estos errores son debidos a causas totalmente externas al traductor, a condicionamientos específicos a los que se enfrenta el traductor del texto turístico. Bugnot (2005) señala como primer condicionamiento específico la ley de la "economía del lenguaje" (Martinet, 1960, p. 25), en la que el traductor de textos turísticos debe ceñirse a las limitaciones que marca el espacio del que dispone para el texto meta. Al igual que en otros tipos de traducción subordinada como la subtitulación o los cómics, el traductor turístico debe atenerse a un espacio limitado y adaptarse a un formato particular. A juicio de Durán Muñoz (2012a), "gran parte de este problema se podría solucionar si existiera una colaboración real entre el cliente y el traductor y a este último se le facilitara toda la información necesaria" (p. 107). Sin embargo, lejos de la realidad, esta coordinación cliente-traductor es normalmente inexistente y muchos traductores trabajan sin indicaciones claras ni material de apoyo, lo que repercute negativamente en la calidad de la traducción.

### 1.5.1. ¿Traducciones de calidad?

El reconocimiento académico y profesional del que está empezando a gozar la traducción turística se hará seguramente tangible en futuras traducciones de calidad. No obstante, no puede mirarse hacia otro lado y obviar que numerosas traducciones turísticas que nos encontramos están plagadas de errores lingüísticos y de una ortografía caprichosa, a lo que se une el desconocimiento, por parte de la persona que traduce, de técnicas traductológicas. Estas carencias, en muchas ocasiones, dotan a las traducciones turísticas de una dudosa calidad.

De acuerdo con Durán Muñoz (2012b), la traducción turística debe ser de calidad "para que España se sitúe dentro de los niveles adecuados de los programas turísticos de la Unión Europea y para que nuestro país continúe siendo el tercer destino turístico mundial y siga atrayendo a los turistas internacionales" (p. 2). De hecho, si consideramos la cifra tan elevada de turistas internacionales y la importancia actual que adquiere el sector del turismo en nuestro país, podríamos pensar que la traducción turística desempeña un papel relevante dentro del sector. Asimismo, los textos turísticos traducidos constituyen el medio de consulta más habitual a través del cual los turistas acceden a la información que necesitan sobre un determinado destino (horarios de museos, rutas conocidas, monumentos emblemáticos o platos típicos). Sin embargo, lamentablemente la realidad es bastante diferente y no es raro encontrarse con traducciones turísticas de baja calidad y con errores gramaticales, semánticos y ortográficos (Durán Muñoz, 2012b, p. 3). Esta baja calidad se debe principalmente, como nos indican Le Poder y Fuentes Luque (2005), a la escasa profesionalización y a la falta de experiencia de los que realizan estas traducciones, así como al insuficiente interés que muestran los agentes turísticos que las encargan. Lejos de cuidar la comunicación oral o escrita con los turistas, la combinación de estos elementos empobrece la imagen de nuestro país ante los ojos del turista.

Llama la atención el hecho de que los productos turísticos se elaboren con gran cuidado en su lengua origen y, sin embargo, a la traducción de tales productos originales no se le otorgue apenas valor. De esta manera, de acuerdo con las palabras de Durán Muñoz (2012b), "los productos turísticos originales en español son productos novedosos, impactantes y, en definitiva, de gran calidad, mientras que los mismos productos traducidos no alcanzan los parámetros de calidad exigidos y provocan rechazo o incomprensión en los lectores extranjeros" (p. 3). En otras palabras, la escasa calidad de las traducciones turísticas aleja a los visitantes de la cultura española, ya que estos acceden a una información poco cuidada que impide una comunicación eficiente. Es más, dentro del discurso turístico, encontramos ciertos géneros textuales como los folletos turísticos, las cartas de restaurantes y los catálogos de viajes que, lejos de alcanzar los niveles de satisfacción adecuados, suelen presentar numerosos errores gramaticales, semánticos e incluso ortográficos, por lo que sus principales funciones se ven a menudo mermadas en las traducciones.

Puede decirse que la traducción turística aún no ha alcanzado en nuestro país el rango que se merece y no ha conseguido la autonomía y el carácter propio que le corresponden tanto a nivel profesional como a nivel académico, a pesar de que su consideración como traducción especializada está cada vez más extendida. Debe crearse conciencia de que la traducción turística es uno de los campos de la de traducción con mayor número de destinatarios y en el que más profesionales se ven implicados.

# Capítulo 2. Texto turístico y cultura: una relación inevitable

## 2.1. Las referencias culturales: una constante del discurso turístico

Una de las características que definen por antonomasia al texto turístico es la profusión de referencias culturales, cuya traducción puede suponer un reto que implica no solo una correcta identificación de los términos culturales en cuestión, sino también una aplicación de las técnicas traslativas adecuadas. Existe una gran diversidad de denominaciones para identificar aquellos elementos propios de la realidad cultural y, por tanto, son múltiples las clasificaciones que, desde las diferentes teorías de la traducción, dan cuenta de dicha diversidad. Esta pluralidad terminológica refleja que existe una falta de consenso en la comunidad investigadora para identificar y definir los elementos culturales, lo cual da lugar a una confusa a la vez que compleja nomenclatura y a una constante necesidad de explicitación de significado.

El aspecto cultural se ha convertido en un eje fundamental en Traductología y, de hecho, durante las dos últimas décadas han aflorado numerosos estudios centrados exclusivamente en cuestiones culturales. Aunque son varias las denominaciones que se utilizan para referirse a los elementos propios de una cultura (conceptos culturales, referentes culturales, palabras culturales, marcas culturales, términos o elementos culturales, realia, culturemas), todas ellas aluden a la misma realidad. Sí que existen, no obstante, matices en la concepción de este tipo de elementos. Nida (1945), por ejemplo, fue el primero que, con su conocido artículo *Linguistics and Ethnology in Translation Problems*, estudió los elementos culturales como uno de los pilares de la traducción, a los que denominó *conceptos culturales*. Nida realizó también la primera clasificación de ámbitos culturales (ecología, cultura material, cultura social, cultura religiosa y cultura lingüística).

Más tarde, Newmark (1988) adaptó los ámbitos culturales de Nida e introdujo los conceptos de *palabras culturales extranjeras* o *categorías culturales*. Newmark señaló la diferencia entre *lenguaje universal* (conceptos que aparecen en casi todas las culturas y que, por tanto, no presentan problemas de traducción), *lenguaje cultural* y *lenguaje personal*, que sí plantean problemas en la traducción. El *lenguaje cultural* causará problemas en la traducción a no ser que la lengua origen y la lengua meta coincidan culturalmente. Por su parte, el *lenguaje personal* es el idiolecto que dificulta la traducción debido a la manera individual de explicarse de cada persona. En palabras del propio Newmark (1992 [1988]):

> Para mí, la cultura es el modo de vida propio de una comunidad que utiliza una lengua particular como medio de expresión y las manifestaciones que ese modo de vida implica. Más concretamente: yo distingo el lenguaje "cultural" de los lenguajes "universal" y "personal". *Morir, vivir, estrella, nadar* (…) son universales (…). No presentan, por lo general, ningún problema de traducción. *Monzón, estepa, dacha, chador* son palabras culturales… (p. 133).

Otra contribución importante de Newmark fue el concepto *foco cultural* para referirse a aquellos campos del discurso que no tienen equivalencia en la cultura de llegada y en los que una comunidad centra su atención en un tema particular. Obviamente el foco cultural puede acarrear importantes problemas de traducción debido al vacío cultural de la comunidad de llegada y a la distancia cultural. Por ejemplo, en español, un foco cultural lo constituyen los términos sobre la tauromaquia y en inglés, términos sobre el críquet. Este concepto procede de la famosa "Hipótesis de Sapir y Whorf" (Sapir, 1949; Whorf, 1956), que se basa en la idea de que el lenguaje determina el pensamiento del ser humano y así, si la gente piensa de una determinada manera, es por la lengua que habla. Sapir y Whorf proporcionan un claro ejemplo para apoyar su teoría, el de los *inuit*, que tienen un vocabulario muy rico para referirse a la nieve. De ahí proviene la idea de foco cultural que ha tomado prestada la Traductología.

Por su parte, Vlakhov y Florin (1970) acuñaron el término *realia* para referirse a los elementos textuales que expresan color local e histórico. Bödeker y Freese (1987) y Koller (1992) retomaron esta denominación. Así, los primeros definieron *realia* como "unidades concretas que se relacionan con una cultura y/o un espacio geográfico, es decir, objetos o conceptos relacionados con actos culturales, instituciones políticas, económicas, sociales y culturales" (p. 138). Koller (1992) los describió como "palabras de índole política, sociocultural o geográfica específicas de ciertos países" (p. 232). Grit (2004) también se sirvió del concepto *realia* para referirse a "los fenómenos concretos y únicos o conceptos categoriales que son específicos para un país o una cultura y que no conocen un equivalente (parcial) en otra cultura u otro país". (p. 279)

El término empleado por Baker (1992) para hacer referencia a estos términos es *culture specific*:

> The source-language word may express a concept which is totally unknown in the target culture. The concept in question may be abstract or concrete; it may relate to a religious belief, a social custom, or even a type of food. Such concepts are often referred to as 'culture specific'. (p. 21)

Por su parte, Mayoral (1994) y Santamaría (2001) prefieren la denominación de *referentes culturales*. Mayoral (1994) los define como:

> [...] los elementos del discurso que por hacer referencia a particularidades de la cultura origen no son entendidos en absoluto o son entendidos de forma parcial o son entendidos de forma diferente por los miembros de la cultura término. (p. 76).

Santamaría (2001) se refiere a ellos como:

> [...] los objetos y eventos creados dentro de una cultura determinada con un capital cultural distintivo, intrínseco en el conjunto de la sociedad, capaz de modificar el valor expresivo que se otorga a los individuos que están relacionados al mismo. (p. 237)

Mención obligada merecen los teóricos funcionalistas, que aportaron varios términos para abordar la cuestión de los elementos culturales. Nord (1994) los denominó *indicadores culturales* o *puntos ricos*. Al afrontar una lengua nueva, "algunas cosas resultan chocantes por su dificultad, complejidad e imposibilidad a la hora de ajustarse a los recursos que se utilizan para dar sentido al mundo" (Nord, 1997, p. 25). Nord también emplea la noción de *culturema*, que se presenta hoy día como una de las denominaciones más aceptadas en lo que respecta a los elementos culturales y es considerada una gran aportación teórica al tratamiento de dichos elementos. De hecho, según Luque Nadal (2009), "se usa cada vez más en los estudios culturales, fraseológicos y traductológicos" (p. 95). El origen de este concepto es incierto, aunque se atribuye a los teóricos funcionalistas Vermeer y Nord, que, a su vez, lo recuperan de la *Kulturemtheorie* de Oksaar (1988, citado en Luque Nadal, 2009, p. 95).

Nord (1997) cita la siguiente definición de culturema, atribuida a Vermeer (1983, p. 8): "un fenómeno social de una cultura X que es entendido como relevante por los miembros de esa cultura y que, comparado con un fenómeno correspondiente de una cultura Y, resulta ser percibido como específico de la cultura X". (p. 34)

En los últimos años, han proliferado las definiciones de culturema y son varios los autores que han profundizado en este concepto. Molina Martínez (2006) define culturema como

...un elemento verbal o paraverbal que posee una carga cultural específica en una cultura y que, al entrar en contacto con otra cultura a través de la traducción, puede provocar un problema de índole cultural entre los textos origen y meta. (p. 78–79)

Además, esta misma autora enumera dos rasgos comunes que caracterizan a los culturemas: (1) Los culturemas surgen debido a la transferencia cultural que se produce entre dos culturas concretas y, por lo tanto, no deben plantearse como elementos propios de una única cultura, sino como la consecuencia de un trasvase cultural y (2) la actuación de un culturema como tal depende del contexto en el que aparezca (p. 78–79).

Luque Nadal (2009, p. 109–110) atribuye tres funciones a los culturemas. Una primera función estética en la que considera a los culturemas elementos expresivos que dan fuerza y belleza al texto. Derivado de ello está su empleo en los textos argumentativos y de ahí la segunda función que atribuye a los culturemas, la función argumentativa. Finalmente, la autora habla de una tercera función cognitivo-hermenéutica mediante la cual afirma que muchos culturemas han llegado a perpetuarse en la memoria colectiva porque se han convertido en lo que se podría llamar una situación arquetípica.

Para Luque Durán (2009), los culturemas son "unidades semióticas que contienen ideas de carácter cultural con las cuales se adorna un texto y también alrededor de las cuales es posible construir discursos que entretejen culturemas con elementos argumentativos" (p. 95). Quizás la mayor aportación de Luque Durán al concepto de culturema es el carácter cambiante que le confiere al afirmar que los culturemas pierden validez y actualidad. Los culturemas no constituyen un elenco cerrado, sino que constantemente se van creando otros nuevos por diversos motivos: personajes políticos, actores, escritores, personajes de ficción, de cine, de la televisión, canciones del momento, tipos de vestimenta, modas, determinados hechos políticos, sociales, artísticos, creaciones artísticas y literarias, hechos coyunturales, etc., además de otros culturemas de carácter religioso, histórico, costumbrista, literario que tienen ya una larga existencia en nuestra lengua y cultura. Desde esta perspectiva, puede considerarse culturema "cualquier ítem simbólico que por distintas razones haya llegado a tener una relevancia especial en la lengua y sea utilizado como moneda de cambio por parte de los hablantes en su comunicación oral o escrita" (Luque Nadal, 2009, p. 96).

Dado que los culturemas pueden resultar problemáticos a la hora de su traducción, conviene ofrecer una definición más intercultural que contemple las dos culturas en juego. Así entendido, podríamos definir culturema como término que pertenece a un ámbito cultural de una determinada comunidad, que es conocido y compartido por todos los miembros que la forman y que, al ser trasvasado a una cultura diferente, puede generar problemas de traducción que deberán solventarse por medio de diversas técnicas traslativas con la finalidad de hacerlo funcionar en la cultura meta.

## 2.2. ¿Cómo traducir culturemas en textos turísticos?

Son varios los autores (Trainor, 2003; Cómitre Narváez, 2006; Durán Muñoz, 2012a; González Pastor, 2012; Soto-Almela, 2013) que en sus estudios recogen las técnicas de traducción que se utilizan para trasvasar culturemas de una lengua a otra dentro del contexto turístico. Estos autores obtienen sus resultados a partir de estudios contrastivos basados en la observación y el análisis del texto origen y del texto meta. Aunque constituyen una valiosa aportación por la sistematización de las técnicas de traducción que ofrecen, no dejan de ser estudios descriptivos tradicionales que poco se preocupan por la aceptabilidad que tiene el texto traducido en sus destinatarios. Precisamente el hecho de conocer las preferencias de los destinatarios permitirá que podamos hablar de técnicas con mayor o menor aceptabilidad a la hora de traducir culturemas en textos turísticos.

Sánchez e Íñigo (1998) reconocen la dificultad de la traducción de los términos culturales en folletos turísticos, pero niegan la imposibilidad de su traducción:

> Los términos culturales en los folletos turísticos tienen como función primordial caracterizar aquello de lo que se habla, sea una ciudad, una región o un país, a la vez que contribuyen a una trasferencia de información y una descripción exacta. Aunque traducirlos plantee grandes problemas, no puede decirse que sea imposible hacerlo, puesto que muchas veces o bien el concepto al que se refiere un término cultural existe también en la cultura meta con un nombre diferente, o bien hay un referente que comparte algunos de los rasgos de lo aludido en la cultura origen.

En nuestra opinión es posible traducir prácticamente todo; sin embargo, el traductor deberá sopesar los pros y contras de sus decisiones, puesto que, en ocasiones, la solución escogida podrá obligarle a introducir modificaciones posteriores en la obra con la que trabaja (p. 155).

Trainor (2003), siguiendo la terminología de Vinay y Darbelnet (1958), señala distintos procedimientos de traducción oblicuos y directos que se aplican en los textos turísticos. Basándose en la observación de su propio corpus de folletos turísticos originales y traducidos, afirma que los procedimientos oblicuos más empleados son: 1) la explicitación, 2) la omisión, 3) la adaptación y 4) la compensación. Añade, además, que los tres procedimientos directos (la literalidad, el calco y el préstamo) se emplean con gran frecuencia en la traducción de textos turísticos. Sin embargo, la misma autora apunta que el procedimiento de la literalidad no es nada adecuado para conseguir el *skopos* deseado y pone como ejemplo un término gastronómico extraído de la carta de un restaurante: "diversidad frita", traducido al inglés como "diverse fried", lo que pone de manifiesto que esta técnica en multitud de ocasiones puede llevar a la plena incomprensión. Trainor llega a la conclusión de que la mejor solución para la traducción de culturemas en textos turísticos es el empleo de técnicas híbridas o mixtas compuestas de un préstamo, que aporte el exotismo y el carácter local del referente, seguido de la explicitación del contenido. De esta manera, se mantiene el colorido local sin impedir la comunicación eficaz. La autora presupone también que la cantidad de información adicional de la explicitación dependerá de los destinatarios y del género textual.

Por su parte, Cómitre Narváez (2006) señala que el traductor, como mediador cultural, deberá satisfacer las expectativas del receptor mediante la utilización de técnicas de traducción específicas. En ocasiones, la información del texto origen deberá ser explicitada, ampliada o adaptada a la cultura meta (Kelly, 1998). En su estudio, basado en el análisis contrastivo español-francés de la campaña publicitaria de promoción turística "España Marca" de Turespaña, Cómitre Narváez (2006) afirma que "los indicadores que presentan diferencias más notables son los indicadores culturales" (p. 146), cuya traducción suele resolverse a través de estas tres opciones:

1. El *exotismo*, que consiste en mantener los rasgos lingüísticos y culturales de la cultura origen y utilizar la identidad cultural como argumento de

promoción turística. Este exotismo suele denominarse también préstamo (puro) o extranjerización (Venuti, 1998). La autora concluye que para la traducción de las fiestas tradicionales y religiosas, de la gastronomía, de los nombres propios de escritores, pintores o artistas españoles, así como de los monumentos y museos se emplea esta técnica.

2. La *traducción comunicativa*, que implica la presuposición por parte del traductor de que el visitante extranjero no comparte ciertos conocimientos culturales de la cultura origen, por lo que hay que aportar la información necesaria o explicitarla. Esta opción se correspondería con un doblete o combinación de técnicas compuesto por un préstamo y su explicitación.

3. La *adaptación a la cultura meta*, bien mediante calcos naturalizados adaptados a la lengua meta o bien mediante equivalentes acuñados.

De este modo, Cómitre Narváez habla de opciones o tendencias de traducción que, a su vez, integran técnicas de traducción más concretas. La autora añade que el traductor debe tener dos prioridades básicas: 1) cumplir la finalidad deseada y 2) respetar las convenciones estilísticas culturales del contexto meta, satisfaciendo el horizonte de expectativas del público destinatario. Las preguntas que emergen entonces son cuáles son dichas expectativas y qué consideran los destinatarios una traducción cultural aceptable. Intentaremos dar respuesta a estas preguntas a lo largo del siguiente capítulo y del estudio que hemos diseñado.

Durán Muñoz (2012a) considera un problema de traducción el trasvase de los culturemas en los textos turísticos, ya que "en su gran mayoría se trata de realidades inexistentes en la cultura de llegada" (p. 108). Ante estas realidades, los traductores deben tomar decisiones para evitar incurrir en errores de traducción y deben adoptar las técnicas que mejor se adapten al término en cuestión, pero siempre teniendo en cuenta las indicaciones iniciales del encargo de traducción o las pautas establecidas por el cliente y el espacio disponible para dicha traducción. Por tanto, Durán Muñoz (2012a) también tiene en cuenta los condicionamientos externos que afectan a la tarea traductora:

> El traductor se ve obligado a explicarle al turista qué es lo que se va a encontrar cuando pida un plato gastronómico típico de un lugar, el tipo de música típico de un destino o el posible significado del nombre de algún lugar o monumento, es decir, debe elegir estrategias de traducción (explicitaciones, descripciones, adaptaciones, etc.) para explicar los culturemas que aparecen en los textos turísticos

y, así, evitar posibles confusiones, faltas de comprensión, falta de relación entre la información escrita y la realidad encontrada, etc. (p. 108).

En la línea de Trainor (2003) y Cómitre Narváez (2006), Durán Muñoz también señala que, para traducir culturemas en textos turísticos, normalmente se mantiene el término original para añadir exotismo y despertar curiosidad en el turista, además de para permitir el reconocimiento del término en la realidad local. La autora afirma que a este término original a veces lo acompaña una explicación breve para aclarar su significado a los lectores del texto meta y, otras veces, se omitirá dicha explicación si el término también se considera lo suficientemente integrado en la cultura meta. Se refiere a términos muy populares en español que traspasan fronteras como, por ejemplo, "paella" o "sangría", cuya traducción no necesita añadir más información, ya que se parte de la idea de que el lector conoce dichos términos. Aunque se trata de una presuposición coherente y hasta obvia, no deja de estar basada en la intuición y en la premisa de que todos los turistas extranjeros que visitan España conocen la "paella" o la "sangría". Durán Muñoz (2012a) afirma, además, que "la estrategia seguida debe ser lo más coherente posible durante todo el texto y evitar, por tanto, usos de diferentes estrategias para traducir los culturemas" (p. 108). Sin embargo, dado que no todos los culturemas son igualmente polémicos y presentan el mismo grado de opacidad, será tarea del traductor escoger la técnica que más se adecúe al texto origen y al destinatario. Así, habrá términos que se presten a la descripción, como aquellos pertenecientes a la categoría de atuendos tradicionales, otros que se presten a la traducción por el equivalente acuñado, como, por ejemplo, los términos pertenecientes al ámbito de la flora, otros a la explicitación, a la generalización, entre otras técnicas (Soto Almela, 2013). Es necesario, por tanto, conocer las características socioculturales de los destinatarios y tener en cuenta el ámbito cultural al que pertenece el culturema que estamos traduciendo.

Finalmente, González Pastor (2012) realiza un análisis descriptivo de los culturemas de cinco guías turísticas de la editorial *Lonely Planet* y correspondientes a cinco comunidades españolas que cuentan con una gran afluencia de visitantes anualmente: Madrid, Barcelona, Andalucía, Mallorca y Valencia. Mediante la identificación de los distintos culturemas y la comparación del TO y del TM, la autora pretende recopilar las técnicas de traducción que se han utilizado para el trasvase de dichos culturemas. En concreto, González Pastor seleccionó un total de 713 culturemas procedentes de diversos campos semánticos y registró 1.363 técnicas traslativas (tanto simples como combinadas). La técnica más frecuente fue el préstamo o extranjerización (670 casos), seguido de la amplificación (420 casos) y del calco o domesticación (173 casos). Otras técnicas observadas con menos frecuencia fueron el equivalente acuñado, la adaptación y la generalización. Según la propia autora, estos datos parecen poner de manifiesto "un marcado interés de los mediadores por mantener el *color local* a través del uso del culturema de la cultura origen en el TM" (2012, p. 196). A pesar del predominio del préstamo, la autora señala que "la amplificación resulta ser una técnica muy productiva en este tipo de textos, y es la segunda más utilizada, si bien su uso queda restringido a la combinación con otras técnicas" (p. 199).

Cabe reiterar que estos estudios constituyen un análisis descriptivo y comparativo valioso en lo que respecta a la observación de técnicas aplicables en la traducción de culturemas presentes en textos turísticos. No obstante, este tipo de trabajos adquirirían mayor validez empírica si consideraran la aceptabilidad de las traducciones en los usuarios reales, especialmente en un contexto como el turístico, donde la satisfacción global del visitante es el objetivo principal. Se hace necesario entonces investigar la aceptabilidad de las traducciones turísticas y, en particular, la aceptabilidad de culturemas traducidos.

# Capítulo 3. La aceptabilidad del destinatario: pieza clave en la traducción de textos turísticos

## 3.1. El destinatario: un agente condicionante de la traducción

El papel clave que desempeña el destinatario de una traducción ha sido objeto de estudio de numerosos traductólogos. Así, Darbelnet (1977, citado en Waddington, 2000, p. 57) ya establece siete niveles de traducción entendidos como siete obligaciones que debe cumplir el traductor respecto al texto que ha de redactar. Uno de estos niveles es el destinatario, a quien debemos tener en cuenta puesto que la traducción es un medio de comunicación. En esta misma línea, Newmark (1991) advierte de la obligación de transmitir el sentido del texto origen, la necesidad de adaptar los problemas culturales, el respeto por las intenciones del autor y la importancia del destinatario. De hecho, para transmitir el mensaje del autor, el traductor debe adaptarlo conforme a las necesidades sociolingüísticas del destinatario, de manera que este se convierte en un factor que condiciona el proceso de traducción. Esta postura es también compartida por Nida (1982), para quien el destinatario es una figura central en el proceso de traducción que "no consiste solamente en la mera comparación de textos para ver el grado de consistencia o conformidad verbal, sino que consiste en determinar la reacción de los posibles destinatarios" (1982, p. 163)[10]. Nida compara esta reacción con la que tiene lugar en la investigación de mercados, donde es común analizar la reacción del público ante un determinado producto, pues su grado de aceptación es incluso más importante que su supuesta calidad. Aunque en el campo de la traducción bíblica, Nida señala que la calidad de una traducción se basa en tres factores íntimamente relacionados con la aceptabilidad del destinatario y extrapolables a otros tipos de traducción de carácter utilitario (turística, publicitaria o periodística): la precisión con que

---

10 "Testing the translation does not consist in merely comparing texts to see the extent of verbal consistency or conformity, but in determining how the potential receptors of a translation react to it" (Nida, 1982, p. 163).

los destinatarios comprenden el mensaje del texto origen, la facilidad de este proceso de comprensión y la reacción del destinatario como consecuencia de la adecuación a la forma de la traducción. La contribución de Nida a este respecto supone un cambio de rumbo al dejar al margen el texto origen y defender una equivalencia dinámica[11] centrada en el papel predominante del destinatario, en detrimento de la rígida equivalencia formal propuesta hasta entonces por la Estilística Comparada. Fan (1990) también plantea el efecto que una traducción produce sobre el destinatario como único parámetro para determinar la calidad de la misma.

La reacción del destinatario como criterio indicador de la calidad de una traducción es innegable. Ahora bien, ¿qué papel desempeñan las características socioculturales de los destinatarios? ¿Afectan de algún modo al grado de aceptación de una traducción? Larson (1987) considera que la mayoría de los traductores pretenden lograr que una traducción sea aceptada por el destinatario y determina ocho criterios relacionados con el mismo:

1. Nivel cultural: conviene conocer si los destinatarios tienen estudios universitarios o, por el contrario, tienen una cultura más limitada y no quieren esforzarse en leer oraciones largas y entender un vocabulario técnico.
2. Edad: puede llegar a ser un factor clave si la edad del destinatario del texto meta difiere de la del receptor del texto origen.
3. Ocupación: la traducción puede ir dirigida a un grupo profesional específico como, por ejemplo, médicos o abogados, o bien puede ir dirigida a un lector no experto en la materia.
4. Conocimiento del tema: es posible que el autor del texto origen y sus lectores compartan cierta información (por ejemplo, determinados objetos o sucesos) que no se explicita en el texto pero que es necesaria para su comprensión, lo que supondrá un impedimento añadido para el destinatario del texto meta.
5. Diferencias culturales: el traductor deberá tenerlas en cuenta e intentar acortar las distancias existentes.

---

11 "The quality of a translation in which the message of the original text has been so transported into the receptor language that the response of the receptor is essentially like that of the original receptors" (Nida, 1964, p. 202–203).

6. Circunstancias de uso: puede ser que la traducción sea para ser escuchada o para ser leída.
7. Nivel de bilingüismo: si los destinatarios son bilingües, es posible mantener en la traducción algunos términos esenciales del texto origen, pero si no lo son, el traductor deberá esforzarse por buscar equivalentes en la lengua meta.
8. Actitudes lingüísticas: se refieren a la actitud que presenta el destinatario hacia la lengua de llegada y su opinión sobre la idoneidad de la misma para expresar ciertos campos. Esto ocurre en países donde coexisten dos lenguas y una es, por ejemplo, oficial y la otra popular (Larson, 1987, p. 69).

Larson (1987) también recomienda que "la traducción se ponga en práctica con personas de la audiencia real para la que se está traduciendo" (p. 75)[12], aunque el autor no indica cómo llevar a cabo esta puesta en práctica. En esta línea, Nord (1991) señala que el destinatario puede guiar la calidad de una traducción y elabora un modelo de análisis textual que tiene en cuenta tanto los factores intratextuales como los extratextuales[13]. En lo que se refiere al destinatario, Nord (1991) considera que ha recibido mucha importancia desde un punto de vista teórico, pero sigue siendo ignorado en la práctica de la traducción. Por este motivo, resulta interesante centrarse en las características socioculturales de los destinatarios, tales como la edad, el sexo, la formación y el origen social y geográfico. De esta manera, el traductor podrá lograr que el texto traducido no requiera ni un esfuerzo excesivo ni un esfuerzo nulo por parte del destinatario. Nord habla de *efecto* para referirse a la relación entre el texto y sus destinatarios y, por tanto, es el resultado de todo el proceso de comunicación. De hecho, pueden distinguirse tres tipos de relaciones entre el texto y sus destinatarios:

---

12 "It is best to check the translation with persons from the real audience for whom one is translating" (Larson, 1987, p. 75).
13 "By means of a comprehensive model of text analysis which takes into account intratextual as well as extratextual factors the translator can establish the 'function-in-culture' of a source text. He then compares this with the (prospective) function-in-culture of the target text required by the initiator, identifying and isolating those ST [source text] elements which have to be preserved or adapted in translation" (Nord, 1991, p. 21).

1.  *Relación intención-texto*: uno de los factores que más contribuye al efecto del texto es la intención del iniciador, por lo que el traductor deberá conocer el efecto que se quiere producir en el destinatario. El *skopos* determinará si este efecto deber ser igual o no al efecto del texto origen.
2.  *Relación destinatario-entorno del texto*: esta relación es esencial, dado que el traductor deberá encargarse de resolver los problemas causados por posibles distancias espaciales y temporales, así como los provocados por una distancia cultural.
3.  *Relación destinatario-estilo*: el traductor debe tener un buen conocimiento de la estilística y de sus características en los distintos tipos de textos en las diferentes culturas y debe, además, considerar los posibles efectos producidos por todos los rasgos estilísticos del texto origen para identificar el efecto global pretendido por el autor (Nord, 1991, p. 130).

Estamos de acuerdo con Waddington (2000) en que negar la posibilidad de analizar el efecto sobre el destinatario es como negar la posibilidad de traducir y si un traductor es "incapaz de calcular el efecto de su traducción sobre sus posibles lectores, difícilmente podrá hacer bien su trabajo" (p. 86). No obstante, al igual que defendemos la reacción en el destinatario y el objetivo de la traducción como dos de los criterios principales para evaluar la calidad de una traducción, también somos conscientes de que no son suficientes por sí solos para proporcionar un baremo de evaluación y, por tanto, sería necesario tener en cuenta más factores tanto intratextuales como extratextuales que afectan al proceso de traducción. Por ejemplo, Beaugrande y Dressler (1997) recogen siete criterios de textualidad, también denominados "principios constitutivos de la comunicación textual" (p. 35), sobre los que se sustenta una comunicación exitosa y que podrían servir como factores indicativos de la calidad de una traducción: intencionalidad, cohesión, coherencia, aceptabilidad, informatividad, situacionalidad e intertextualidad. Además, estos autores describen tres principios regulativos de dicha comunicación textual:

1.  *Principio de eficiencia*, que ha de garantizar un grado mínimo de esfuerzo por parte de los agentes implicados en la comunicación.
2.  *Principio de efectividad*, que garantizará una impresión adecuada en los interlocutores con el fin de crear las condiciones para conseguir el propósito de la comunicación.

3. *Principio de adecuación*, que es el responsable de tener en cuenta el contexto, el papel de los interlocutores y sus expectativas (p. 46).

En base a estos principios, Hatim y Mason (1990 [1995]) consideran una *traducción exitosa* aquella que cumple con los principios de efectividad y de eficiencia de la traducción y, para Reiss y Vermeer (1996), una acción traductora cumple con su propósito cuando existe adecuación a la situación comunicativa. En lo que todos los autores parecen mostrarse de acuerdo es que la traducción solo cumplirá su objetivo si todos los participantes implicados en ella siguen el *principio de cooperación* (Grice, 1975, citado en Nobs, 2003, p. 57), el cual se articula en torno a cuatro máximas (máxima de cantidad, de calidad, de pertinencia o relevancia y de modo o manera), que deben entenderse como normas morales descriptivas de la situación ideal, que condicionan el acto informativo y que facilitan la inferencia y la interpretación de lo que se dice.

El interés por conocer las expectativas de los destinatarios de una traducción ha aumentado considerablemente en los últimos años y cada vez se presta mayor atención al papel de la audiencia y a su necesaria cooperación en el proceso de traducción. Es bien sabido que el papel del traductor como lector del texto origen y como redactor del texto meta es determinante, pero esta labor traductora solo dará resultado si existe colaboración por parte del usuario de la traducción en el momento de comprenderla. Para lograr esta colaboración, es esencial que el traductor sea capaz de anticipar las expectativas de los usuarios de un determinado texto meta. Sin embargo, no menos necesaria es la evaluación de la calidad de una traducción por parte de sus usuarios, ya que, en cierto modo, será esta evaluación la que determine el grado de aceptabilidad de la traducción.

## 3.2. El destinatario como evaluador de una traducción

En esta sección, destacaremos algunos estudios empíricos centrados en la evaluación de una traducción por parte de sus destinatarios. En estos estudios se comparte el objetivo común de establecer una serie de parámetros que permitan medir las expectativas de los usuarios, los aspectos lingüísticos y formales del texto traducido, el contenido, la presentación visual y la interrelación entre ellos.

Un trabajo centrado en la adecuación de la traducción y en la aceptabilidad que el texto meta tiene en sus destinatarios es el de Vehmas-Leito (1989), que diseñó un estudio dividido en cuatro experimentos orientados a conocer las respuestas de los receptores. El primer experimento pretendía determinar si los usuarios diferenciaban entre un texto auténtico y un texto traducido. El segundo experimento tenía el objetivo de medir las evaluaciones de los lectores con respecto a distintos textos traducidos del ruso al finés en una escala de siete puntos. El tercer experimento se centraba en la "emotividad" de las palabras de los textos utilizados y el cuarto pretendía medir su grado de "legibilidad". El aspecto innovador de este estudio radica en que el texto origen permanece, en cierto modo, al margen y es la reacción de los destinatarios lo que cobra importancia. A través de estos experimentos, la autora pretendía a) verificar su hipótesis de trabajo, según la cual los textos meta publicados solo son "casi correctos" y b) dar alguna información sobre la naturaleza de esta "casi corrección" (*quasi-correctness*). La "casi corrección" se refiere a cuando un texto en su globalidad no se corresponde con las expectativas que un lector nativo del texto meta tiene respecto al tipo de texto en cuestión, aunque cada oración del texto sea gramaticalmente correcta y las oraciones estén correctamente conectadas. Finalmente, la hipótesis de Vehmas-Leito se confirma, puesto que, para superar la "casi corrección", hay que dar más importancia a lo que denomina "estilo funcional" (1989, p. 18) y, por tanto, prestar más atención al uso de un texto meta en un contexto social y cultural marcado por el receptor de la traducción, sus expectativas y su evaluación. La autora añade que el parámetro de la "legibilidad" determina la calidad de un texto traducido y es el responsable de una comunicación eficiente.

Otro trabajo que pretendía analizar las condiciones de aceptabilidad de los usuarios es el que llevó a cabo Rydning (1991). Para ello, se presentó la traducción de un texto especializado a tres grupos de destinatarios distintos para que la evaluasen. El primer grupo lo formaban expertos en el tema tratado, el segundo grupo lo componían lectores no especializados en el tema y el tercer grupo estaba compuesto por profesores de traducción que tenían acceso al texto origen. En cuanto a los resultados, los expertos en el tema del texto traducido prestaron atención a la correcta transmisión del sentido, pero descuidaron las incorrecciones formales y lingüísticas (ortografía y puntuación); los lectores no especializados en el tema se centraron, sobre todo, en los aspectos formales y los docentes se percataron tanto de las incoherencias relacionadas con el contenido como de las incorrecciones lingüísticas. De este estudio, Rydning extrajo la interesante conclusión de que la evaluación siempre depende del evaluador y de la función que este atribuye a la traducción. De hecho, la autora utiliza el término "idiosincrasia del evaluador" y afirma que existen también "lectores de buena voluntad" dispuestos a admitir alguna deficiencia del texto meta. También resultan interesantes los cuatro parámetros que se establecen para determinar la aceptabilidad de una traducción, en la que influyen factores no lingüísticos como a) los conocimientos temáticos previos del lector; b) la predisposición por parte del lector a conocer algo nuevo; c) la naturaleza del texto y d) la finalidad de la traducción (1991, p. 231). De hecho, Rydning concluye que las exigencias de los destinatarios de un texto meta variarán dependiendo de los conocimientos previos que tengan sobre el tema del texto.

En el ámbito de la traducción turística, Jänis y Priiki (1993) diseñaron un estudio en el que participaron usuarios de folletos turísticos, en concreto turistas soviéticos encargados de evaluar, mediante un cuestionario, un folleto turístico sobre Finlandia traducido al ruso, basándose en los seis parámetros siguientes: legibilidad, claridad, cantidad de información, diseño gráfico, traducción e ilustraciones. Las autoras buscaban, por tanto, evaluar el folleto turístico en su totalidad y no solo desde el punto de vista de la traducción. Por este motivo, las mismas autoras señalan que habría que dividir los parámetros en dos macrocategorías: aquella del material verbal y aquella del material no verbal relacionado con el diseño visual del folleto, puesto que las apreciaciones de los turistas rusos cambiaban considerablemente dependiendo de si el parámetro pertenecía a una categoría u otra. Además, entre otras cuestiones, las autoras consideran que la situación comunicativa y el marco de actuación en el que el folleto turístico se recibe son de suma importancia, por lo que las condiciones de recepción constituyen un parámetro esencial de evaluación de una traducción. En lo que respecta a la traducción de los folletos, los turistas rusos consideraron que la "extrañeza" de ciertos términos finlandeses presentes en el texto traducido era algo positivo y exótico.

Nobs (2003) realizó un estudio en el que se administraron dos cuestionarios a un grupo de turistas germanohablantes con el objetivo de conocer sus expectativas con respecto a un determinado tipo de folleto turístico de la ciudad de Granada, así como conocer la evaluación que esos mismos usuarios hacían del folleto turístico en su versión traducida del español al alemán. La autora agrupa los parámetros para evaluar la calidad de una traducción en siete categorías: i) adecuación pragmática, ii) claridad en la exposición del contenido, iii) adecuación estilística, iv) transferencia exacta del contenido del texto origen, v) corrección gramatical, vi) tratamiento adecuado del material no verbal y vii) comportamiento profesional (2003, p. 87). En cuanto a los usuarios germanohablantes, Nobs establece tres perfiles de turistas: estudiantes de escuelas de idiomas, turistas "culturales" y turistas de circuitos, y controla las cuatro variables siguientes: grupo, sexo, edad y nivel de estudios. Los resultados relativos a las expectativas de los turistas están estructurados de acuerdo a los parámetros recogidos en el cuestionario, a saber:

1. Los objetivos de un folleto turístico: la valoración más alta la obtiene el objetivo "informar", mientras que en el otro extremo se encuentra "publicitar servicios e instalaciones".
2. Efecto de una traducción sobre los usuarios: la mayoría de los sujetos no se molesta si se percata de que un texto es una traducción y no suena natural.
3. Parámetros que inducen a pensar que se trata de una traducción: en primer lugar se sitúan los errores gramaticales, seguidos de un estilo inusual, de los errores ortográficos y de la comprensión deficiente.
4. Razones para no terminar de leer un folleto turístico: un alto porcentaje de los encuestados considera que existen razones suficientes para no terminar de leer un folleto turístico.
5. La incidencia de los parámetros en la merma de la calidad de un folleto turístico: aquellos parámetros que más inciden en la calidad de un folleto turístico son los relacionados con el contenido del texto meta.
6. Adecuación de una traducción a las expectativas de los lectores: dos terceras partes de los sujetos encuestados responden afirmativamente.

En general, Nobs llega a la conclusión de que, por una parte, las expectativas de los turistas acerca de los folletos turísticos varían levemente en función de sus características socioculturales y demográficas. De todas las variables, la edad y el nivel de estudios resultaron ser las más influyentes. Por otra parte, en cuanto a la evaluación de los folletos, los usuarios concedieron más importancia a parámetros relacionados con el contenido que a aquellos vinculados a la presentación visual y formal.

54

Tanto el estudio de Jänis y Priiki (1993) como el de Nobs (2003) ponen de relieve las discrepancias que normalmente se dan entre la reacción que prevé el traductor ante un texto y la verdadera reacción que manifiesta el receptor. Sin embargo, todavía queda mucho por investigar en este ámbito si realmente se quiere saber hasta qué punto los traductores son conocedores de las reacciones de los destinatarios de sus traducciones. No cabe duda de que estos trabajos buscan establecer una serie de parámetros que deben tenerse en cuenta a la hora de evaluar la calidad y la aceptabilidad de una traducción. Se trata de parámetros como la legibilidad, el estilo funcional del texto, la actitud positiva hacia el contenido de la traducción, el material verbal y no verbal, la situación comunicativa o las características socioculturales y demográficas de los receptores, que, en conjunto, todo traductor debería considerar para obtener una aceptabilidad positiva entre los destinatarios.

El trabajo de Cómitre Narváez y Valverde Zambrana (2014) tiene un propósito más concreto, ya que pretende conocer la evaluación de los usuarios con respecto a la traducción de culturemas. Precisamente, tras analizar detalladamente la traducción de los culturemas de la campaña turística de *Turespaña* "España marca", se realizaron entrevistas a posibles usuarios con objeto de determinar la aceptabilidad de las técnicas utilizadas en la traducción de referencias culturales. Los autores observaron tres amplias técnicas en la traducción de estos elementos: extranjerización (*exoticisation*), explicitación o amplificación (*explanation*) y domesticación (*assimilation*). En la parte descriptiva de su trabajo, Cómitre Narváez y Valverde Zambrana (2014, p. 99) señalan que la técnica predominante es la extranjerización (79%) que dota al texto traducido de una atractiva apariencia "extranjera" que aporta color local y que motiva a los turistas a viajar a España[14]. No obstante, los autores señalan que la extranjerización suele combinarse con otras técnicas como la explicitación. El segundo lugar lo

---

14 En palabras de Cómitre Narváez y Valverde Zambrana (2014), "the most outstanding and frequent procedures found in our corpus are exoticisation procedures (79%) that give a deliberate and attractive 'foreign' appearance to the translated text as it leaves the original CSI [culture-specific item] untouched to promote Spain as a tourist destination. It provides a local colour effect aiming to increase tourists' motivation to travel to Spain" (p. 99).

ocupa la domesticación (14%) y, finalmente, la explicitación (7%). Las entrevistas realizadas a diez turistas anglófonos pretenden obtener información sobre el grado de éxito de la traducción de los culturemas. Los entrevistados manifestaron que algunos elementos eran demasiado opacos o desconocidos, por lo que era necesario incluir algún tipo de explicación descriptiva. De esta manera, los participantes defendieron el uso de las técnicas combinadas en detrimento de las técnicas simples.

### 3.3. Los destinatarios del texto turístico traducido

Definir el perfil del receptor medio al que se dirige el texto turístico parece, a simple vista, algo sencillo, pero coincidimos con Rabadán (1991) en que "es imposible caracterizar a los receptores potenciales meta en base a un parámetro único" (p. 74). Un ejemplo de posible parámetro definitorio del receptor de una traducción turística del español al inglés es el de no ser hispanohablante. Igualmente, el receptor del texto turístico traducido podría ser una persona extranjera que llega a una ciudad con suficiente curiosidad como para conseguir la guía o el folleto que necesita con objeto de enriquecer sus vacaciones y, por tanto, ver más allá de lo meramente aparente. Sin embargo, no podemos ceñirnos a un único parámetro a la hora de definir el perfil de los destinatarios de un texto turístico traducido, ya que no todos tienen las mismas intenciones cuando visitan una ciudad extranjera. Así, encontramos otros perfiles de visitantes que, según Bugnot (2005), quedarían excluidos de ser receptores de un folleto turístico traducido:

– Aquellos visitantes que, previamente en su país de origen, se han informado sobre el destino turístico.
– Los visitantes habituales que ya conocen el destino turístico.
– Aquellos visitantes no interesados en conocer en profundidad el destino turístico y que solo van en busca del denominado turismo de sol y playa. (p. 71)

Sin embargo, conviene adoptar una visión amplia del receptor del texto turístico traducido, agrupada bajo la denominación "visitantes", no desglosada en categorías inferiores y respaldada por la Organización Mundial del Turismo (OMT). El concepto "visitante" designa a "toda persona que viaja o ha viajado a un lugar distinto al de su entorno habitual, por una duración inferior a un año, y cuya finalidad principal del viaje no es la de ejercer una actividad que se remunere en el lugar visitado" (OMT, 2005–2007), es decir, el visitante tiene una finalidad recreativa, de negocios u otros motivos personales, excluyendo a toda persona que pretenda ser empleada por una entidad residente en el país o lugar visitados.

Nuestro estudio concede una posición privilegiada a los usuarios o consumidores de folletos turísticos traducidos que, en realidad, serán visitantes caracterizados por dos criterios básicos: i) la duración de su estancia no debe ser superior a un año y ii) la finalidad de su viaje debe ser la de no ejercer una actividad remunerada. Pero, ¿dónde se sitúan aquellas migraciones, transitorias o no, superiores a un año y cuya finalidad es fundamentalmente laboral, académica o incluso recreativa? En este contexto, surge la necesidad de encontrar un término que englobe a estudiantes, trabajadores y jubilados extranjeros afincados en nuestro país. El término "residente" parece ser el más indicado para estos individuos, ya que no solo hace referencia a la localización de la vivienda, sino también a la localización de la actividad económica o profesional, ya sea permanente o transitoria. Otra perspectiva diferente de este término la ofrecen Alegre, Cladera y Juaneda (2003), para los que un residente es "la persona que permanece durante la mayor parte del año en un país o lugar" (p. 23). No obstante, independientemente de cuál sea su denominación, coincidimos con Chamizo (2003) en las características que presentan los consumidores de productos turísticos:

– Multiconsumidores, ya que no realizan un único tipo de actividad, sino que combinan el turismo cultural con el turismo rural, de sol y playa, etc.
– Buscan la satisfacción plena, esto es, desean vivir intensamente la experiencia turística y hacer de ella algo único e inolvidable.
– Son exigentes y activos en la búsqueda de información y consumo y cada vez controlan más la planificación de su viaje desde el inicio para adaptarlo a sus gustos y necesidades gracias a las nuevas tecnologías. (p. 32–33)

Los conceptos "visitante" y "residente" se explicarán con mayor detalle en el siguiente capítulo de nuestro trabajo. De hecho, tanto visitantes como residentes, en calidad de potenciales usuarios de folletos turísticos, constituyen la muestra del estudio que hemos llevado a cabo.

# Capítulo 4. Cómo determinar la aceptabilidad de culturemas traducidos

## 4.1. Planteamiento y diseño de la investigación

A la riqueza y al empleo de un destino contribuyen indiscutiblemente los textos turísticos (catálogos, guías, folletos), a los que podríamos considerar textos utilitarios cargados de la responsabilidad de acercar un determinado destino a su potencial visitante. En muchas ocasiones, estos textos son incluso el único medio a través del cual un turista puede conocer un destino. Los textos turísticos se convierten así en la representación y en la imagen de un destino ante los ojos entusiastas de un turista. La Región de Murcia es un ejemplo muy ilustrativo, ya que durante el año 2017 la visitaron casi 420.000 turistas procedentes del Reino Unido[15]. Ante este panorama y, tras la observación de varios folletos turísticos traducidos al inglés, se plantean las siguientes preguntas de investigación relacionadas con la traducción de culturemas:

1. ¿Qué técnica de traducción es la más aceptada por cada grupo de usuarios? ¿Y la menos aceptada?
2. ¿Se aprecian diferencias entre las prioridades de traducción de cada grupo de usuarios?
3. ¿Optan los usuarios por una de las opciones de traducción manipuladas o por la traducción publicada por organismos oficiales de la Región de Murcia?

La aceptabilidad de las traducciones turísticas no parece haberse investigado lo suficiente como para contar con una evidencia empírica sólida, pese a la existencia de estudios que evalúan la calidad de una traducción en base a un conjunto de parámetros. Estos estudios, como ya hemos visto, no se

---

15 Datos obtenidos de la web *murciaturistica.es* y recopilados por el Instituto Nacional de Estadística (INE) en colaboración con el Centro Regional de Estadística de la Región de Murcia y los servicios de la Consejería de Cultura y Turismo.

detienen en aspectos tan fundamentales para la traducción turística como es el trasvase de culturemas.

Para estudiar la aceptabilidad de culturemas traducidos, hemos diseñado un estudio que, por un lado, consta de una parte más descriptivo-contrastiva en la que se ha llevado a cabo la manipulación de la traducción publicada y, por otro, se sirve de una encuesta destinada a determinar la aceptabilidad de visitantes y residentes con respecto a un conjunto de culturemas traducidos. Además de describir la aceptabilidad de cada grupo de sujetos, pretendemos establecer diferencias entre ellos a la hora de recibir la traducción de un culturema. Para estos propósitos, fue necesario diseñar un instrumento adecuado que nos permitiera reunir los datos necesarios para su posterior análisis y que, a la vez, resultara lo suficientemente sencillo y breve como para ser completado por visitantes y residentes de habla inglesa de la Región de Murcia. La encuesta diseñada presenta una serie de rasgos definitorios que permiten clasificarla como:

a. Encuesta de muestreo no probabilístico con fines exploratorios y descriptivos. Para nuestro estudio, hemos optado por una muestra no probabilística, también denominada dirigida o intencional. Resulta especialmente conveniente aplicar este tipo de muestreo en estudios como el nuestro, en el que la encuesta se dirige a grupos muy específicos en los que los sujetos deben contar con determinadas características.

b. Encuesta de preguntas cerradas. El cuestionario está, en su mayoría, constituido por preguntas cerradas en las que el encuestado debe seleccionar una única opción entre una lista de múltiples opciones.

c. Encuesta dirigida a usuarios finales de una traducción. La encuesta está destinada exclusivamente a los usuarios finales o consumidores reales anglófonos de traducciones turísticas (visitantes o residentes).

Además, el cuestionario consta de dos secciones bien diferenciadas:

1. Una primera sección destinada a determinar los perfiles sociocultural y demográfico de los individuos encuestados (*Sociocultural and Demographic Profiles*). Es imprescindible incluir un conjunto de preguntas introductorias que, en nuestro caso, coinciden con las variables de identificación que permiten situar sociodemográficamente al encuestado de cara al análisis y comparaciones posteriores. En nuestro cuestionario,

el encuestado deberá señalar, en primer lugar, su condición de visitante o residente y, a continuación, identificar su género, su edad, su país de origen, la duración de su estancia en la Región de Murcia, su conocimiento o estudio de la lengua española, su profesión y, finalmente, su nivel educativo. Además de preguntas cerradas de opción múltiple y dicotómicas, en esta sección se han incluido determinadas preguntas filtro con el fin de eliminar aquellos individuos que no se vean afectados por la pregunta. Así, por ejemplo, en la primera pregunta, si el encuestado señala la opción "visitante", se activará inmediatamente la pregunta 5 en la que deberá indicar cuánto tiempo estuvo en la Región de Murcia en su última visita, mientras que si el encuestado selecciona la opción "residente", se activará la pregunta 6 en la que deberá señalar cuánto tiempo lleva residiendo en la Región.

2. Una segunda sección formada por 15 preguntas correspondientes a los culteremas seleccionados. Se exponen los 15 culteremas insertados en un breve contexto e introducidos por una oración que ubica al usuario en el contexto comunicativo adecuado. Cada culterema se presenta, además, con cuatro opciones de traducción en inglés, de las que el encuestado deberá seleccionar solo aquella que considere más acertada desde su punto de vista. Las distintas opciones de traducción responden a un patrón preestablecido de técnicas traslativas:

a. *Amplificación.* En la traducción al inglés se ha utilizado un número mayor de significantes que en la versión española, es decir, se ha precisado el texto original, pero se ha conservado el culterema en español. La amplificación se ha expresado en el texto por medio de la utilización de comas o paréntesis que contienen la información ampliada.

b. *Descripción.* El culterema en español ha quedado reemplazado por la descripción de su forma y/o función en la traducción inglesa. Al tratarse de un reemplazo, la descripción excluye al término español y da prioridad exclusivamente al equivalente descriptivo, por lo que el usuario final desconocerá el término que designa cierta realidad en lengua española.

c. *Domesticación o calco.* El culterema español se ha incorporado traducido a la lengua inglesa, esto es, se ha domesticado en favor de la transparencia, la fluidez y la invisibilidad de rasgos extranjeros presentes en el texto meta. Sin embargo, la domesticación no es aplicable en aquellos casos en los que el culturema es particularmente opaco, es decir, cuando se trata de términos creados específicamente a partir de una realidad cultural presente en la cultura origen (por ejemplo, los términos gastronómicos). En estos casos, se ha optado por una *generalización*, es decir, el culturema se ha expresado en la lengua meta a través de un término más general o neutro. Esta imposibilidad de aplicar la domesticación a todos los culturemas del cuestionario nos obligará posteriormente, en los resultados, a diferenciar entre aquellos elementos culturales que se han podido manipular mediante domesticación y aquellos en los que no ha sido posible y, por el contrario, se han manipulado mediante una generalización.

d. *Extranjerización o préstamo*. El culturema español se ha incorporado sin traducir a la lengua inglesa, tal como aparece en el texto origen. En tales casos, decimos que el culturema se ha extranjerizado, dotando al texto meta de exotismo y subrayando las diferencias lingüísticas y culturales con respecto al texto origen.

Estas cuatro técnicas de traducción están dispuestas de forma aleatoria en cada uno de los culturemas y entre las alternativas ofrecidas se incluye la traducción publicada por organismos oficiales de la Región de Murcia. Además, los culturemas pertenecen a tres ámbitos culturales distintos (patrimonio cultural, medio natural y gastronomía) que, a su vez, están repartidos aleatoriamente a lo largo del cuestionario. De esta manera, cada ámbito cultural está integrado por cinco culturemas que se recogen en las siguientes tablas:

*Tabla 3: Culturema "paparajotes"*

| CULTUREMA: Paparajotes | ÁMBITO CULTURAL: Gastronomía |
|---|---|
| Texto original en español | Postres tan murcianos como el *paparajote*. |
| Traducción oficial publicada *AMPLIFICACIÓN* | Typical Murcia desserts such as *"paparajotes"*, *lemon leaves deep fried in sweet batter (don't try to eat the leaf!)*. |
| Traducción manipulada *GENERALIZACIÓN* | Typical Murcia desserts. |
| Traducción manipulada *DESCRIPCIÓN* | Typical Murcia desserts such as *lemon leaves deep fried in sweet batter*. |
| Traducción manipulada *EXTRANJERIZACIÓN* | Typical Murcia desserts such as *"paparajotes"*. |

*Tabla 4: Culturema "arrope"*

| CULTUREMA: Arrope | ÁMBITO CULTURAL: Gastronomía |
|---|---|
| Texto original en español | Las nuevas generaciones de artesanos venden *arrope*. |
| Traducción oficial publicada<br>*DESCRIPCIÓN* | Today's new generation of craftsfolk sell *fruit preserved in syrup*. |
| Traducción manipulada<br>*GENERALIZACIÓN* | Today's new generation of craftsfolk sell *grape concentrate*. |
| Traducción manipulada<br>*AMPLIFICACIÓN* | Today's new generation of craftsfolk sell *"arrope" (fruit preserved in syrup)*. |
| Traducción manipulada<br>*EXTRANJERIZACIÓN* | Today's new generation of craftsfolk sell *"arrope"*. |

*Tabla 5: Culturema "michirones"*

| CULTUREMA: Michirones | ÁMBITO CULTURAL: Gastronomía |
|---|---|
| Texto original en español | Aquí reina la despensa de nuestros ancestros: *michirones*. |
| Traducción oficial publicada<br>*AMPLIFICACIÓN* | The larders of our ancestors contained the same foods: *"michirones" (stewed dried beans)*. |
| Traducción manipulada<br>*GENERALIZACIÓN* | The larders of our ancestors contained *the same typical foods*. |
| Traducción manipulada<br>*DESCRIPCIÓN* | The larders of our ancestors contained the same foods: *stewed dried beans*. |
| Traducción manipulada<br>*EXTRANJERIZACIÓN* | The larders of our ancestors contained the same foods: *"michirones"*. |

*Tabla 6: Culturema "zarangollo"*

| CULTUREMA: Zarangollo | ÁMBITO CULTURAL: Gastronomía |
|---|---|
| Texto original en español | Se exhibe en pizarras un extenso muestrario de tapas frías y calientes en el que no puede faltar el *zarangollo*. |
| Traducción oficial publicada<br>*AMPLIFICACIÓN* | Slates are covered with the names of hot or cold tapas such as *"zarangollo" (stewed courgettes, potatoes and onions with scrambled eggs)*. |
| Traducción manipulada<br>*GENERALIZACIÓN* | Slates are covered with the names of *typical hot or cold tapas from Murcia*. |
| Traducción manipulada<br>*DESCRIPCIÓN* | Slates are covered with the names of hot or cold tapas such as *stewed courgettes, potatoes and onions with scrambled eggs*. |
| Traducción manipulada<br>*EXTRANJERIZACIÓN* | Slates are covered with the names of hot or cold tapas such as *"zarangollo"*. |

*Tabla 7: Culturema "torta de chicharrones"*

| CULTUREMA: Torta de chicharrones | ÁMBITO CULTURAL: Gastronomía |
|---|---|
| Texto original en español | Paseantes de toda condición se dan cita en esta encrucijada que huele a *tortas de chicharrones*. |
| Traducción oficial publicada GENERALIZACIÓN | Passers-by of all social conditions come together at this cross-roads with its aroma of *meat pies*. |
| Traducción manipulada DESCRIPCIÓN | Passers-by of all social conditions come together at this cross-roads with its aroma of *typical pies made of pork scratchings*. |
| Traducción manipulada AMPLIFICACIÓN | Passers-by of all social conditions come together at this cross-roads with its aroma of *"torta de chicharrones" (a typical meat pie)*. |
| Traducción manipulada EXTRANJERIZACIÓN | Passers-by of all social conditions come together at this cross-roads with its aroma of *"torta de chicharrones"*. |

*Tabla 8: Culturema "Entierro de la Sardina"*

| CULTUREMA: Entierro de la Sardina | ÁMBITO CULTURAL: Patrimonio cultural |
|---|---|
| Texto original en español | El sábado concluyen las Fiestas de Primavera con el desfile del *Entierro de la Sardina*. |
| Traducción oficial publicada DOMESTICACIÓN | On Saturday the Spring Festivities are rounded off with the *"Burial of the Sardine" parade*. |
| Traducción manipulada AMPLIFICACIÓN | On Saturday the Spring Festivities are rounded off with the *"Entierro de la Sardina", a parade that parodies a funeral procession and culminates with the burning of a symbolic figure of a sardine*. |
| Traducción manipulada DESCRIPCIÓN | On Saturday the Spring Festivities are rounded off with *a parade that parodies a funeral procession and culminates with the burning of symbolic figure, usually a representation of a sardine*. |
| Traducción manipulada EXTRANJERIZACIÓN | On Saturday the Spring Festivities are rounded off with the *"Entierro de la Sardina"*. |

*Tabla 9: Culturema "acequia"*

| CULTUREMA: Acequia | ÁMBITO CULTURAL: Patrimonio cultural |
|---|---|
| Texto original en español | Un azud o presa recoge el agua del Segura y la distribuye a través de dos grandes *acequias*. |
| Traducción oficial publicada DOMESTICACIÓN | A weir or dam which retains the water of the River Segura and distributes it by means of two main *irrigation channels*. |
| Traducción manipulada AMPLIFICACIÓN | A weir or dam which retains the water of the River Segura and distributes it by means of two main *"acequias" (a passage dug in the ground and used for bringing water to land)*. |
| Traducción manipulada DESCRIPCIÓN | A weir or dam which retains the water of the River Segura and distributes it by means of two main *passages dug in the ground and used for bringing water to land to make plants grow*. |
| Traducción manipulada EXTRANJERIZACIÓN | A weir or dam which retains the water of the River Segura and distributes it by means of two main *"acequias"*. |

*Tabla 10: Culturema "zaragüelles"*

| CULTUREMA: Zaragüelles | ÁMBITO CULTURAL: Patrimonio cultural |
|---|---|
| Texto original en español | Dos días después se festeja el Bando de la Huerta, evocación de una época de *zaragüelles*. |
| Traducción oficial publicada DESCRIPCIÓN | Two days later the "Bando de la Huerta" is held, evoking a time when *wide legged white linen breeches* were worn. |
| Traducción manipulada GENERALIZACIÓN | Two days later the "Bando de la Huerta" is held, evoking a time when *baggy trousers* were worn. |
| Traducción manipulada AMPLIFICACIÓN | Two days later the "Bando de la Huerta" is held, evoking a time when the *"zaragüelles", wide legged white linen breeches*, were worn. |
| Traducción manipulada EXTRANJERIZACIÓN | Two days later the "Bando de la Huerta" is held, evoking a time when the *"zaragüelles"* were worn. |

*Tabla 11: Culturema "Caballos del Vino"*

| CULTUREMA: Caballos del Vino | ÁMBITO CULTURAL: Patrimonio cultural |
|---|---|
| Texto original en español | En esta ciudad disfrutarás de la alegría y el color de fiestas como los *Caballos del Vino*. |
| Traducción oficial publicada *DOMESTICACIÓN* | In this city you can share the joy and colour of fiestas such as the *"Wine Horses"*. |
| Traducción manipulada *AMPLIFICACIÓN* | In this city you can share the joy and colour of fiestas such as the *"Caballos del Vino" in which some horses run up to the castle.* |
| Traducción manipulada *DESCRIPCIÓN* | In this city you can share the joy and colour of fiestas such as that in which *some horses have to run up to the castle ramp laden with heavy hogsheads of wine and richly embroidered mantles.* |
| Traducción manipulada *EXTRANJERIZACIÓN* | In this city you can share the joy and colour of fiestas such as the *"Caballos del Vino"*. |

*Tabla 12: Culturema "huertanos"*

| CULTUREMA: Huertanos | ÁMBITO CULTURAL: Patrimonio cultural |
|---|---|
| Texto original en español | Se adentraba en la huerta a interesarse por las cosechas de los *huertanos*. |
| Traducción oficial publicada *DOMESTICACIÓN* | And walked among the orchard trees to show interest in the life of the *country folk*. |
| Traducción manipulada *AMPLIFICACIÓN* | And walked among the orchard trees to show interest in the life of the *"huertanos" (people who used to live and work in the countryside).* |
| Traducción manipulada *DESCRIPCIÓN* | And walked among the orchard trees to show interest in the life of *those who used to live and work in the countryside.* |
| Traducción manipulada *EXTRANJERIZACIÓN* | And walked among the orchard trees to show interest in the life of the *"huertanos"*. |

*Tabla 13: Culturema "almarjos"*

| CULTUREMA: Almarjos | ÁMBITO CULTURAL: Medio natural |
|---|---|
| Texto original en español | El valle, cubierto hasta entonces de *almarjos*. |
| Traducción oficial publicada *DOMESTICACIÓN* | The valley, covered until that time by *marsh grasses*. |
| Traducción manipulada *AMPLIFICACIÓN* | The valley, covered until that time by *"almarjos" (coarse grasses growing in marshes)*. |
| Traducción manipulada *DESCRIPCIÓN* | The valley, covered until that time by *coarse grasses growing in marshes*. |
| Traducción manipulada *EXTRANJERIZACIÓN* | The valley, covered until that time by *"almarjos"*. |

*Tabla 14: Culturema "galán de noche"*

| CULTUREMA: Galán de noche | ÁMBITO CULTURAL: Medio natural |
|---|---|
| Texto original en español | Le dan olor y color una rosaleda de 1.400 ejemplares y numerosos *galanes de noche*. |
| Traducción oficial publicada *AMPLIFICACIÓN* | A rose garden containing 1,400 bushes lends colour and scent, along with many *"galán de noche" (night-scented shrub)*. |
| Traducción manipulada *DOMESTICACIÓN* | A rose garden containing 1,400 bushes lends colour and scent, along with many *sweet-scented shrubs*. |
| Traducción manipulada *DESCRIPCIÓN* | A rose garden containing 1,400 bushes lends colour and scent, along with many *shrubs whose flowers, when crushed, have a fragrance resembling that of strawberries*. |
| Traducción manipulada *EXTRANJERIZACIÓN* | A rose garden containing 1,400 bushes lends colour and scent, along with many *"galán de noche"*. |

*Tabla 15: Culturema "ruscos"*

| CULTUREMA: Ruscos | ÁMBITO CULTURAL: Medio natural |
|---|---|
| Texto original en español | También hay bosquetes de cañas de bambú y *ruscos*, planta autóctona que crece en Sierra España. |
| Traducción oficial publicada *AMPLIFICACIÓN* | There are also groves of bamboo and *"ruscos", a local plant to be found wild in the Espuña Mountains*. |

| Culturema: Ruscos | Ámbito cultural: Medio natural |
|---|---|
| Traducción manipulada DOMESTICACIÓN | There are also groves of bamboo and *butcher's brooms.* |
| Traducción manipulada DESCRIPCIÓN | There are also groves of bamboo and *liliaceous evergreen shrubs that have stiff prickle-tipped flattened green stems, which resemble and function as true leaves.* |
| Traducción manipulada EXTRANJERIZACIÓN | There are also groves of bamboo and *"ruscos".* |

Tabla 16: Culturema "mirtos"

| Culturema: Mirtos | Ámbito cultural: Medio natural |
|---|---|
| Texto original en español | Un jardín con muchos *mirtos.* |
| Traducción oficial publicada DOMESTICACIÓN | A garden with many *myrtle bushes.* |
| Traducción manipulada AMPLIFICACIÓN | A garden with many *"mirtos" (a small tree with pleasant-smelling white flowers and blue-black fruit).* |
| Traducción manipulada DESCRIPCIÓN | A garden with many *small trees with shiny green leaves, pleasant-smelling flowers and blue-black fruit.* |
| Traducción manipulada EXTRANJERIZACIÓN | A garden with many *"mirtos".* |

Tabla 17: Culturema "nardos"

| Culturema: Nardos | Ámbito cultural: Medio natural |
|---|---|
| Texto original en español | También queda la luz y el olor a *nardos.* |
| Traducción oficial publicada DOMESTICACIÓN | We still have its sunlight and the scent of *tuberoses.* |
| Traducción manipulada AMPLIFICACIÓN | We still have its sunlight and the scent of *"nardos", a plant having grass-like leaves and cultivated for its highly fragrant white flowers.* |
| Traducción manipulada DESCRIPCIÓN | We still have its sunlight and the scent of *plants having a tuberous root and spikes of white fragrant lily-like flowers.* |
| Traducción manipulada EXTRANJERIZACIÓN | We still have its sunlight and the scent of *"nardos".* |

De este estudio contrastivo sobre la traducción de los culturemas pueden extraerse una serie de tendencias que se plasman en la traducción oficial:

1. En el ámbito de la gastronomía, la amplificación se presenta como la técnica de traducción dominante (3 amplificaciones, 1 descripción y 1 generalización).
2. En el ámbito del patrimonio cultural, la domesticación se impone al resto de técnicas (4 domesticaciones y 1 descripción).
3. En el ámbito del medio natural, la domesticación es también la técnica predominante (3 domesticaciones y 2 amplificaciones).

Además, como se ha mencionado anteriormente, la generalización se ha aplicado a aquellos culturemas en los que no ha sido posible una domesticación del término debido a su opacidad cultural. Es el caso de los cinco culturemas gastronómicos (*paparajotes, arrope, michirones, zarangollo* y *torta de chicharrones*) y un culturema del patrimonio cultural (*zaragüelles*).

Para el diseño de un cuestionario como el que aquí se propone, es fundamental adecuarse a los destinatarios o población objeto de estudio y, por tanto, considerar la longitud o extensión del cuestionario, así como el lenguaje que se utilizará. Así, resultó indispensable plantearse la cantidad de preguntas que eran necesarias para recopilar información suficiente de los usuarios. Teniendo en mente los objetivos de la investigación, debíamos elaborar un cuestionario lo bastante breve como para no desanimar, no aburrir o no fatigar al encuestado. Fue, por tanto, determinante prever un tiempo máximo de 10–15 minutos para la cumplimentación del cuestionario, ya que, de lo contrario, pocos sujetos hubieran estado dispuestos a participar. Uno de nuestros propósitos fue, en definitiva, no excedernos en el número de preguntas ni en el número de culturemas seleccionados para que los sujetos terminaran de rellenar el cuestionario en su totalidad. En cuanto al lenguaje utilizado, un cuestionario como el nuestro, destinado a usuarios no expertos, precisa un lenguaje sencillo, carente de tecnicismos o términos especializados procedentes del campo de la Traductología que puedan dificultar el entendimiento por parte de los encuestados. En consecuencia, se hizo necesario evitar cualquier tecnicismo referente a las técnicas de traducción aplicadas (domesticación, extranjerización, amplificación, generalización o descripción) y, en su lugar, emplear un lenguaje directo y claro, evitando así posibles ambigüedades o dificultades de interpretación.

La precisión en el lenguaje seleccionado y en la redacción de las preguntas adquiere aún mayor importancia si tenemos en cuenta que se trata de un cuestionario autoadministrado en el que el encuestador no se encuentra presente para aclarar las dudas que puedan surgir entre los encuestados.

Para la distribución del cuestionario, nos servimos de la herramienta informática ENCUESTAS[16], creada en el seno de la Universidad de Murcia. El cuestionario se envió primero a tres expertos y a tres residentes anglófonos, quienes lo completaron y devolvieron sin ninguna dificultad, lo que nos permitió, a su vez, verificar el funcionamiento de la herramienta informática. Para controlar la cumplimentación del cuestionario, se seleccionó la opción de que los encuestados solo podían cumplimentarlo una única vez. El cuestionario fue finalmente distribuido entre visitantes y residentes anglófonos de la Región de Murcia gracias a la colaboración desinteresada de los directores y gestores de contenido de páginas web con alto índice de impacto en la comunidad inglesa de dicha Región. El cuestionario se publicó en la red *AngloInfo Costa Cálida*, el semanal de *Eye on Spain* y el *Daily News Condado de Alhama*. Esta vía de difusión tuvo una eficacia inmediata y muy pronto empezaron a registrarse numerosos cuestionarios completados, junto con espontáneos comentarios que algunos de los participantes realizaban en las páginas webs habilitadas, mostrando así su interés por el tema, al que consideraban de gran utilidad por el hecho de favorecer el diseño de folletos turísticos de la Región de Murcia.

## 4.2. Descripción de la muestra

La muestra seleccionada se compone de dos perfiles o grupos de usuarios anglófonos, entendidos como posibles destinatarios de textos turísticos traducidos sobre la Región de Murcia:

1. *Visitantes anglófonos.* Entendemos por "visitantes anglófonos" todas aquellas personas originarias de un país de habla inglesa que hayan

---

16 Área de Tecnologías de la Información y las Comunicaciones Aplicadas (ATICA) de la Universidad de Murcia. Aplicación "Encuestas" (v.2.3) (2010). La URL de acceso general es *encuestas.um.es*. La URL desde la que podía cumplimentarse nuestro cuestionario es la siguiente: https://encuestas.um.es/encuestas/encuestas. realizacion.insertar.gen?a=BDDBB9852E86481C75008F8B85BB8ED3.

visitado la Región de Murcia durante un período inferior a un año, y cuya finalidad fuera únicamente recreativa, de negocios u otros motivos personales, excluyendo a toda persona que haya ejercido una actividad remunerada o haya sido empleada por una entidad residente en la Región de Murcia[17]. Así definido, este concepto engloba tanto a excursionistas que visitan durante un día la Región y no pernoctan en ella (visitantes del día) como a turistas de larga estancia que transcurren una temporada en el destino como, por ejemplo, los meses de verano (visitantes que pernoctan).

2. *Residentes anglófonos*. Entendemos por "residentes anglófonos" todos aquellos individuos procedentes de un país de habla inglesa que estén afincados en la Región de Murcia por motivos laborales, académicos o incluso recreativos. Un residente anglófono tiene tanto su entorno habitual como su centro de interés económico en el territorio de la Región de Murcia. En concreto, se incluyen dentro de esta categoría:

- *Residentes trabajadores*: individuos que ejercen una actividad remunerada o son empleados en una entidad residente en la Región de Murcia y, por tanto, su actividad económica y profesional se localiza en dicha Región.

- *Residentes estudiantes*: individuos que se encuentran en la Región de Murcia por motivos académicos, ya sea cursando una carrera universitaria o simplemente estudiando la lengua española.

- *Residentes jubilados*: individuos jubilados o pensionistas que habitan en la Región de Murcia por motivos de recreo, ocio, playa, sol, etc.

Presentaremos ahora las respuestas que dieron los encuestados a las preguntas introductorias para conocer así sus características socioculturales y demográficas. En primer lugar, describiremos la muestra globalmente, esto es, sin ninguna segmentación o distinción por grupo y, en segundo lugar, presentaremos las características de los sujetos por grupo de usuarios (visitantes o residentes). De hecho, el grupo de usuarios es una variable fundamental porque nos permitirá observar si existen diferencias significativas entre ambos

---

17 La definición de "visitante anglófono" utilizada en nuestro estudio es una adaptación basada en el concepto "visitante" recogido por la Organización Mundial del Turismo (OMT, 2005–2007).

grupos en cuanto a la aceptabilidad de culturemas traducidos. Los datos recopilados se procesaron con el programa de análisis estadístico SPSS 19.

*Grupo de usuarios*

La Tabla 18 muestra que un total de 364 usuarios (*N*=364) completaron el cuestionario. Este total lo componen, a su vez, 242 visitantes (*n*=242) y 122 residentes (*n*=122). Aunque el número total de visitantes supere considerablemente al número de residentes, los resultados no se verán afectados por dicho desbalance o inequidad, ya que, por una parte, se realizan análisis conjuntos en los que los 364 sujetos se consideran potenciales usuarios de folletos turísticos de la Región de Murcia y, por otra parte, se ofrecen resultados independientes obtenidos dentro de cada grupo. Insistimos, además, en que esta disparidad en el tamaño de los grupos se ha conservado intencionadamente porque, en realidad, constituye un fiel reflejo de la estratificación de la población a estudiar. Así, como probables consumidores de folletos turísticos, es indudable que los visitantes representan una proporción mayor que los residentes, por lo que no podemos ignorar este hecho y minusvalorar la importancia que realmente tiene el grupo mayoritario.

*Tabla 18: Grupo de usuarios*

|  |  | N | % |
|---|---|---|---|
| | Visitantes | 242 | 66,5% |
| **Grupo de usuarios** | Residentes | 122 | 33,5% |
| | Total | 364 | 100% |

*Género*

En cuanto al género de los encuestados, hombres y mujeres poseen una representatividad muy igualada. De hecho, como se observa en la Tabla 19, los hombres superan a las mujeres en tan solo un 1,6%.

*Tabla 19: Género*

|  |  | N | % |
|---|---|---|---|
| | Hombres | 185 | 50,8% |
| **Género** | Mujeres | 179 | 49,2% |

## Género por grupo de usuarios

En la Tabla 20, se observa que, en el grupo de los visitantes, el género masculino también supera al femenino en un 7,4%; sin embargo, en el grupo de los residentes, son las mujeres las que rebasan a los hombres en un 9,8%.

Tabla 20: *Género por grupo de usuarios*

| | | | N | % |
|---|---|---|---|---|
| Género | Visitantes | Hombres | 130 | 53,7% |
| | | Mujeres | 112 | 46,3% |
| | Residentes | Hombres | 55 | 45,1% |
| | | Mujeres | 67 | 54,9% |

## Edad

La Tabla 21 pone de manifiesto que la edad media de los participantes es de 53 años.

Tabla 21: *Edad*

| | Media | Mediana | Desviación típica | Mínimo | Máximo | Total |
|---|---|---|---|---|---|---|
| Edad | 53 | 55 | 12 | 17 | 75 | 364 |

## Edad por grupo de usuarios

La edad media por grupo de usuarios coincide con la edad media general. Así, como se refleja en la Tabla 22, tanto en el grupo de los visitantes como en el de los residentes, la edad media de los participantes es también de 53 años.

Tabla 22: *Edad por grupo de usuarios*

| | | Media | Mediana | Desviación típica | Mínimo | Máximo | Total |
|---|---|---|---|---|---|---|---|
| Edad | Visitantes | 53 | 54 | 10 | 17 | 74 | 242 |
| | Residentes | 53 | 57 | 15 | 19 | 75 | 122 |

## País de origen

Uno de los requisitos para poder completar el cuestionario era tener como lengua materna u oficial el inglés. Partiendo, por tanto, de que todos los usuarios que rellenaron el cuestionario eran anglófonos, se advierte en la Tabla 23 un evidente predominio de encuestados de nacionalidad británica, ya que el 90,1% proceden del Reino Unido. Un 6,9% de los encuestados eran irlandeses; un 2,5% procedía de Estados Unidos y tan solo un 0,5% era originario de otros países de habla inglesa.

*Tabla 23: País de origen*

|  |  | N | % |
|---|---|---|---|
| País de origen | Reino Unido | 328 | 90,1% |
|  | Irlanda | 25 | 6,9% |
|  | Estados Unidos | 9 | 2,5% |
|  | Otros países de habla inglesa | 2 | 0,5% |

## País de origen por grupo de usuarios

La Tabla 24 evidencia de nuevo que el Reino Unido se presenta como el país del que son originarios la mayoría de visitantes y de residentes encuestados, puesto que representan un 92,1% y un 86,1% de la muestra respectivamente.

*Tabla 24: País de origen por grupo de usuarios*

|  |  |  | N | % |
|---|---|---|---|---|
| País de origen | Visitantes | Reino Unido | 223 | 92,1% |
|  |  | Irlanda | 16 | 6,6% |
|  |  | Estados Unidos | 3 | 1,2% |
|  | Residentes | Reino Unido | 105 | 86,1% |
|  |  | Irlanda | 9 | 7,4% |
|  |  | Estados Unidos | 6 | 4,9% |
|  |  | Otros países de habla inglesa | 2 | 1,6% |

## Duración de la visita a la Región de Murcia

Estos datos se aplican únicamente al grupo de visitantes, ya que hacen referencia a cuánto tiempo estuvieron en la Región de Murcia durante su última visita. Se advierte en la Tabla 25 que un 28,5% de los visitantes estuvo una quincena en la Región. Asimismo, un 17,8% la visitó durante un mes y un 16,5% durante más de una semana. Por tanto, si consideramos que las posibilidades de respuesta oscilaban entre "menos de una semana" y "más de tres meses", podemos señalar que una estancia de duración media (entre más de una semana y un mes) es la preferida de los usuarios.

*Tabla 25: Duración de la visita a la Región de Murcia*

| | | | N | % |
|---|---|---|---|---|
| Visitantes | Duración de la visita a la Región de Murcia | Menos de una semana | 20 | 8,3% |
| | | Una semana | 33 | 13,6% |
| | | Más de una semana | 40 | 16,5% |
| | | Una quincena | 69 | 28,5% |
| | | Un mes | 43 | 17,8% |
| | | Más de un mes | 30 | 12,4% |
| | | Más de 3 meses | 7 | 2,9% |

## Tiempo de residencia en la Región de Murcia

Esta información corresponde solo al grupo de residentes, puesto que se refiere al tiempo que llevan viviendo en la Región de Murcia. La Tabla 26 pone de manifiesto que un notorio 63,9% reside más de tres años en dicha Región, por lo que la mayoría de residentes que componen la muestra se hallan plenamente afincados en Murcia, donde tienen su entorno habitual.

*Tabla 26: Tiempo de residencia en la Región de Murcia*

| | | | N | % |
|---|---|---|---|---|
| Residentes | Tiempo de residencia en la Región de Murcia | Menos de 3 meses | 12 | 9,8% |
| | | 3–6 meses | 2 | 1,6% |
| | | 6 meses - 1 año | 6 | 4,9% |
| | | Más de un año | 6 | 4,9% |
| | | 1–3 años | 18 | 14,8% |
| | | Más de 3 años | 78 | 63,9% |

*Estudio de la lengua española*

En la Tabla 27, se puede observar que, de los 364 usuarios que conforman la muestra, 224 manifiestan haber estudiado la lengua española.

*Tabla 27: Estudio de la lengua española*

| | | N | % |
|---|---|---|---|
| Estudio de la lengua española | No | 140 | 38,5% |
| | Sí | 224 | 61,5% |

*Estudio de la lengua española por grupo de usuarios*

Llama particularmente la atención en la Tabla 28 que, en el grupo de los visitantes, el porcentaje de individuos que han estudiado y que no han estudiado español está muy igualado. De hecho, la diferencia viene representada por dos sujetos que constituyen el 0,8%. Sin embargo, en el grupo de los residentes, un 83,6% afirma haber estudiado la lengua española, cifra que puede justificarse por el hecho de residir en España y, en consecuencia, por la necesidad de aprender español.

*Tabla 28: Estudio de la lengua española por grupo de usuarios*

| | | | N | % |
|---|---|---|---|---|
| Estudio de la lengua española | Visitantes | No | 120 | 49,6% |
| | | Sí | 122 | 50,4% |
| | Residentes | No | 20 | 16,4% |
| | | Sí | 102 | 83,6% |

*Tiempo de estudio de la lengua española*

De los 224 usuarios que señalaron haber estudiado la lengua española, 90 lo han hecho durante menos de un año, por lo que, si el tiempo de estudio es indicativo del conocimiento de una lengua, podemos afirmar que, en general, gran parte de los individuos poseen unos conocimientos muy básicos de español. No obstante, la Tabla 29 también refleja que casi un 30% de los encuestados ha estudiado español entre uno y tres años y el mismo porcentaje durante más de tres años.

*Tabla 29: Tiempo de estudio de la lengua española*

|  | | N | % |
|---|---|---|---|
| Tiempo de estudio de la lengua española | Menos de un año | 90 | 40,4% |
|  | 1–3 años | 67 | 29,8% |
|  | Más de 3 años | 67 | 29,8% |

## Tiempo de estudio de la lengua española por grupo de usuarios

De la Tabla 30 se desprende que, a pesar de que 122 visitantes manifiestan haber estudiado español, más de la mitad (un 52%) lo ha hecho durante menos de un año. Sin embargo, de los 102 residentes que han estudiado español, casi la mitad (un 49%) lo ha hecho durante más de tres años. En consecuencia, los residentes que conforman la muestra dedican más tiempo al estudio del español que los visitantes.

*Tabla 30: Tiempo de estudio de la lengua española por grupo de usuarios*

|  |  | | N | % |
|---|---|---|---|---|
| Tiempo de estudio de la lengua española | Visitantes | Menos de un año | 64 | 52% |
|  |  | 1–3 años | 42 | 34,2% |
|  |  | Más de 3 años | 16 | 13,8% |
|  | Residentes | Menos de un año | 27 | 26,5% |
|  |  | 1–3 años | 25 | 24,5% |
|  |  | Más de 3 años | 50 | 49% |

## Situación laboral

La Tabla 31 pone de relieve que dos son las situaciones laborales predominantes entre los participantes: en primer lugar, los trabajadores en activo o empleados con un 59,1% y, en segundo lugar, los pensionistas o jubilados con un 29,2%.

*Tabla 31: Situación laboral*

|  | | N | % |
|---|---|---|---|
| Situación laboral | Empleado | 215 | 59,1% |
|  | Estudiante | 10 | 2,7% |
|  | Ama de casa | 31 | 8,5% |
|  | Pensionista | 106 | 29,2% |
|  | Otra situación | 2 | 0,5% |

*Situación laboral por grupo de usuarios*

En la Tabla 32, se advierte que a cada grupo de usuarios aparece asociada una determinada situación laboral. Así, un 71,5% de los visitantes se definen como trabajadores en activo o empleados, mientras que un 45,1% de los residentes son pensionistas. No obstante, cabe destacar que un 34,4% de los residentes son también trabajadores en activo.

*Tabla 32: Situación laboral por grupo de usuarios*

| | | | N | % |
|---|---|---|---|---|
| Situación laboral | Visitantes | Empleado | 173 | 71,5% |
| | | Estudiante | 1 | 0,4% |
| | | Ama de casa | 16 | 6,6% |
| | | Pensionista | 51 | 21,1% |
| | | Otra situación | 1 | 0,4% |
| | Residentes | Empleado | 42 | 34,4% |
| | | Estudiante | 9 | 7,4% |
| | | Ama de casa | 15 | 12,3% |
| | | Pensionista | 55 | 45,1% |
| | | Otra situación | 1 | 0,8% |

*Nivel educativo*

Como se aprecia en la Tabla 33, el porcentaje de individuos con estudios universitarios de grado es el más alto con un 27,2%. Sin embargo, poco difiere este porcentaje del de aquellos sujetos que terminaron la Educación Secundaria (un 25%) y aquellos con algún tipo de Formación Profesional (un 23,4%).

*Tabla 33: Nivel educativo*

| | | N | % |
|---|---|---|---|
| Nivel educativo | Educación Primaria | 1 | 0,3% |
| | Educación Secundaria inacabada | 17 | 4,7% |
| | Educación Secundaria completa | 91 | 25% |
| | Formación Profesional | 85 | 23,4% |
| | Estudios universitarios de grado | 99 | 27,2% |
| | Estudios universitarios de posgrado | 53 | 14,6% |
| | Otros estudios | 18 | 4,8% |

## Nivel educativo por grupo de usuarios

Como acabamos de mencionar, en líneas generales, tres son los niveles educativos que predominan entre la muestra en mayor o menor porcentaje: los estudios universitarios de grado, la Educación Secundaria completa y la Formación Profesional. Así, tal como se desprende de la Tabla 34, un 27,7% de los visitantes señaló tener estudios universitarios de grado, un 24,8% completó la Educación Secundaria y un 21,5% optó por la Formación Profesional. Los mismos niveles educativos predominan entre los residentes, pero con distinto porcentaje: en primer lugar, un 27% de los residentes realizó algún ciclo de Formación Profesional; en segundo lugar, un 26,3% terminó los estudios universitarios de grado y, finalmente, un 25,4% completó la Educación Secundaria.

*Tabla 34: Nivel educativo por grupo de usuarios*

| | | | N | % |
|---|---|---|---|---|
| Nivel educativo | Visitantes | Educación Primaria | 0 | 0% |
| | | Educación Secundaria inacabada | 15 | 6,2% |
| | | Educación Secundaria completa | 60 | 24,8% |
| | | Formación Profesional | 52 | 21,5% |
| | | Estudios universitarios de grado | 67 | 27,7% |
| | | Estudios universitarios de posgrado | 34 | 14% |
| | | Otros estudios | 14 | 5,8% |
| | Residentes | Educación Primaria | 1 | 0,8% |
| | | Educación Secundaria inacabada | 2 | 1,6% |
| | | Educación Secundaria completa | 31 | 25,4% |
| | | Formación Profesional | 33 | 27% |
| | | Estudios universitarios de grado | 32 | 26,3% |
| | | Estudios universitarios de posgrado | 19 | 15,6% |
| | | Otros estudios | 4 | 3,3% |

La caracterización de la muestra ofrece datos relevantes que, en el siguiente capítulo, se tendrán en cuenta para relacionar las características socio-culturales y demográficas del grupo de usuarios con la aceptabilidad de culturemas traducidos.

## 4.3. Corpus de textos turísticos

Antes de iniciar la selección de los culturemas, establecimos una serie de exigencias o requisitos que los textos recopilados debían cumplir. Así, los textos debían pertenecer al macrogénero de los folletos turísticos, ser editados por organismos oficiales de la Región de Murcia, ser distribuidos de manera gratuita y estar traducidos al inglés sobre la base de un texto origen en español, con idéntica presentación visual, el mismo diseño gráfico y la misma distribución espacial de los elementos verbales y no verbales. Partiendo de estas exigencias, los folletos turísticos finalmente seleccionados (cuyas portadas pueden consultarse en el Anexo 2) fueron los siguientes:

1. Un folleto general de la ciudad de Murcia titulado "Murcia de Plaza en Plaza" (*Murcia - Square by Square*) de 18 páginas y editado por el Ayuntamiento de Murcia, Concejalía de Turismo, Ferias y Congresos. El folleto, disponible en cualquier oficina de información turística de la ciudad de Murcia y digitalizado en la web, ofrece un recorrido por las distintas zonas de la ciudad, describiendo edificios y plazas e informando de las tradiciones gastronómicas y festivas de las que puede disfrutar.

2. Un folleto de turismo cultural de la Región de Murcia de 16 páginas que se presenta bajo el título "Hoy estoy curioso" ("Today I feel curious") e incluido en la campaña turística *Región de Murcia: No-Typical*. El folleto, disponible tanto en soporte papel como electrónico, está editado por la Consejería de Cultura y Turismo de la Región de Murcia y expone una amplia oferta cultural repartida por las principales ciudades de la Región (Murcia, Cartagena, Lorca y Caravaca de la Cruz).

3. Un folleto de turismo gastronómico de la Región de Murcia de 17 páginas cuyo título es "Hoy el gusto es mío" ("Today the pleasure is mine") e incluido también en la campaña turística *Región de Murcia: No-Typical*. En el folleto se presenta la riqueza gastronómica de la Región de Murcia a través de secciones correspondientes a diversas modalidades de cocina ("Hoy como de autor", "Hoy voy de tapeo", "Hoy como fuerte", "Hoy tomo postre", "Hoy estoy selecto", "Hoy me llevo en la maleta" y "Hoy voy al mercado").

4. Un folleto de turismo rural de la Región de Murcia de 16 páginas incluido también en la campaña turística *Región de Murcia: No-Typical*. El folleto, titulado "Hoy estoy rural" ("Today I feel rural"), pone de

relieve la variedad natural y animal de la que goza la Región y describe con detalle sus diversas zonas naturales, ofreciendo rutas de senderismo y en bicicleta.

Los tres últimos folletos forman parte de la campaña de promoción turística *Región de Murcia: No-Typical*, que sustituyó en marzo de 2009 a la anterior campaña *Región de Murcia, donde vive el sol*. Con un presupuesto global de tres millones de euros, la campaña tenía y aún sigue teniendo el objetivo de "transmitir la multitud de eventos, sensaciones, emociones o experiencias que despierta la Región de Murcia" (La Opinión de Murcia, 2009). El eslogan "No-Typical" viene dado por una supuesta búsqueda de un estereotipo que defina a la Región de Murcia, en la que se llega a la conclusión de que el mejor estereotipo es "No-Typical" por ser demasiado rica y variada como para reducirla a un cliché.

# Capítulo 5. Análisis de la aceptabilidad de culteremas traducidos

## 5.1. Aceptabilidad de las técnicas de traducción

El primer análisis ofrece datos descriptivos sobre la totalidad de los encuestados (N=364) que permiten identificar la técnica de traducción mejor y peor aceptada por los usuarios en cada uno de los culteremas. En cuanto a los términos gastronómicos, en los cinco culteremas que componen este ámbito, la amplificación obtiene el mayor porcentaje de aceptabilidad y, de hecho, supera el 50% en todos los términos (Tabla 35). Por el contrario, la extranjerización o préstamo resulta ser la técnica con la aceptabilidad más baja, ya que los porcentajes apenas alcanzan el 10%. La generalización presenta también una escasa aceptabilidad, con un 20,1% (N=73) como porcentaje máximo en el culterema "paparajotes".

*Tabla 35: Frecuencias y porcentajes totales en el ámbito de la gastronomía*

| Gastronomía | | | |
|---|---|---|---|
| Culterema | Técnica de traducción | N | % |
| Paparajotes | Amplificación | 196 | 53,8% |
| | Descripción | 57 | 15,7% |
| | Generalización | 73 | 20,1% |
| | Extranjerización o préstamo | 38 | 10,4% |
| Arrope | Amplificación | 253 | 69,5% |
| | Descripción | 80 | 22,0% |
| | Generalización | 14 | 3,8% |
| | Extranjerización o préstamo | 17 | 4,7% |
| Michirones | Amplificación | 250 | 68,7% |
| | Descripción | 50 | 13,7% |
| | Generalización | 43 | 11,8% |
| | Extranjerización o préstamo | 21 | 5,8% |

| Gastronomía | | | |
|---|---|---|---|
| Culturema | Técnica de traducción | N | % |
| Zarangollo | Amplificación | 220 | 60,4% |
| | Descripción | 45 | 12,4% |
| | Generalización | 70 | 19,2% |
| | Extranjerización o préstamo | 29 | 8,0% |
| Torta de chicharrones | Amplificación | 275 | 75,5% |
| | Descripción | 29 | 8,0% |
| | Generalización | 30 | 8,2% |
| | Extranjerización o préstamo | 30 | 8,2% |

En lo que respecta al medio natural, la amplificación es también la técnica de traducción con mayor aceptabilidad en todos los culturemas que componen este ámbito (Tabla 36). En efecto, en cuatro de los cinco términos, la amplificación superó el 50%. Solo en el culturema "galán de noche" la amplificación no superó este porcentaje, sino que obtuvo un 34,1% (*N*=124). Asimismo, la tabla revela que, también en este ámbito, la extranjerización o préstamo fue la técnica con menor aceptabilidad, pues en los cinco términos el porcentaje es inferior al 10%. No obstante, en los culturemas "ruscos" y "nardos", la domesticación o calco alcanzó porcentajes aún más bajos que los de la extranjerización o préstamo: un 1,4% (*N*=5) y un 6,3% (*N*=23) respectivamente.

*Tabla 36: Frecuencias y porcentajes totales en el ámbito del medio natural*

| Medio natural | | | |
|---|---|---|---|
| Culturema | Técnica de traducción | N | % |
| Almarjos | Amplificación | 191 | 52,5% |
| | Domesticación o calco | 75 | 20,6% |
| | Descripción | 72 | 19,8% |
| | Extranjerización o préstamo | 26 | 7,1% |
| Galán de noche | Amplificación | 124 | 34,1% |
| | Domesticación o calco | 105 | 28,8% |
| | Descripción | 100 | 27,5% |
| | Extranjerización o préstamo | 35 | 9,6% |

| Medio natural | | | |
|---|---|---|---|
| Culturema | Técnica de traducción | N | % |
| Ruscos | Amplificación | 265 | 72,8% |
| | Domesticación o calco | 5 | 1,4% |
| | Descripción | 65 | 17,9% |
| | Extranjerización o préstamo | 29 | 8,0% |
| Mirtos | Amplificación | 240 | 65,9% |
| | Domesticación o calco | 55 | 15,1% |
| | Descripción | 46 | 12,6% |
| | Extranjerización o préstamo | 23 | 6,3% |
| Nardos | Amplificación | 258 | 70,9% |
| | Domesticación o calco | 23 | 6,3% |
| | Descripción | 50 | 13,7% |
| | Extranjerización o préstamo | 33 | 9,1% |

Finalmente, en el ámbito del patrimonio cultural, aunque la amplificación vuelve a ser una de las técnicas más aceptadas, otras técnicas obtienen porcentajes superiores, como es el caso de la domesticación o calco, que es la técnica más aceptada para el culturema "acequias" con un 42,6% (N=155), o la descripción, que presenta un porcentaje del 41,5% (N=151) en el culturema "Caballos del Vino" (Tabla 37). Tampoco se observa una unanimidad evidente en cuanto a la técnica con la peor aceptabilidad y, de hecho, la extranjerización, la domesticación e incluso la generalización son las menos aceptadas dependiendo del culturema.

*Tabla 37: Frecuencias y porcentajes totales en el ámbito del patrimonio cultural*

| Patrimonio cultural | | | |
|---|---|---|---|
| Culturema | Técnica de traducción | N | % |
| Entierro de la Sardina | Amplificación | 184 | 50,5% |
| | Domesticación o calco | 53 | 14,6% |
| | Descripción | 80 | 22,0% |
| | Extranjerización o préstamo | 47 | 12,9% |

| Patrimonio cultural | | | |
|---|---|---|---|
| Culturema | Técnica de traducción | N | % |
| Acequias | Amplificación | 123 | 33,8% |
| | Domesticación o calco | 155 | 42,6% |
| | Descripción | 52 | 14,3% |
| | Extranjerización o préstamo | 34 | 9,3% |
| Zaragüelles | Amplificación | 247 | 67,9% |
| | Descripción | 63 | 17,3% |
| | Generalización | 18 | 4,9% |
| | Extranjerización o préstamo | 36 | 9,9% |
| Caballos del Vino | Amplificación | 138 | 37,9% |
| | Domesticación o calco | 26 | 7,1% |
| | Descripción | 151 | 41,5% |
| | Extranjerización o préstamo | 49 | 13,5% |
| Huertanos | Amplificación | 255 | 70,1% |
| | Domesticación o calco | 29 | 8,0% |
| | Descripción | 48 | 13,2% |
| | Extranjerización o préstamo | 32 | 8,8% |

Estos datos descriptivos nos informan de una serie de tendencias generales y solo posibilitan la comparación de frecuencias y porcentajes entre las distintas técnicas de traducción. Vamos a establecer ahora las prioridades de traducción de cada grupo de usuarios.

## 5.2. Diferencias en la aceptabilidad entre visitantes y residentes

Para delimitar la aceptabilidad de los usuarios, se ha clasificado a cada uno de ellos según la técnica de traducción que más veces selecciona a lo largo del cuestionario ($\geq$50%). En otras palabras, si un usuario elije la misma técnica de traducción en un porcentaje igual o superior al 50% en los distintos culturemas del cuestionario, dicho usuario queda clasificado inmediatamente según la técnica que más veces selecciona. Imaginemos, por ejemplo, que un visitante se decanta por la amplificación más de un 50% de las veces; en este caso diremos que la amplificación es la técnica más aceptada por este visitante (su perfil de aceptabilidad) y, en consecuencia, se clasificará como individuo que prefiere la amplificación. Ahora bien, dado que no todos los individuos optan por una sola técnica, es decir, no elijen la misma técnica a lo largo del cuestionario, resulta necesario crear una nueva categoría, a la que hemos denominado "mixta", con el propósito de agrupar bajo una sola denominación a estos usuarios sin un perfil de aceptabilidad evidente.

Conviene recordar que la imposibilidad de aplicar la domesticación o calco a determinados culturemas ha obligado a dividirlos en dos tipos:

1. Culturemas opacos: la manipulación mediante domesticación resulta imposible en estos culturemas, ya que están fuertemente vinculados a la cultura y a las costumbres del texto origen y, además, no están formados por elementos de la lengua general. Para suplir esta intraducibilidad mediante domesticación, se ha optado por una generalización que supone el uso de un término más general o neutro que englobe al culturema en cuestión. Son culturemas opacos los cinco términos gastronómicos (*paparajotes*, *arrope*, *michirones*, *zarangollo* y *torta de chicharrones*) y un término del patrimonio cultural (*zaragüelles*).

2. Culturemas semi-transparentes: la manipulación mediante domesticación sí ha podido aplicarse en estos culturemas, que se han incorporado traducidos a la lengua inglesa. Son culturemas semi-transparentes los nueve restantes: Entierro de la Sardina (*Burial of the Sardine*), acequia (*irrigation channel*), Caballos del Vino (*Wine Horses*), huertanos (*country folk*), almarjos (*marsh grasses*), galán de noche (*night-scented shrub*), ruscos (*butcher's brooms*), mirtos (*myrtle bushes*) y nardos (*tuberoses*).

El resto de técnicas de traducción (amplificación, descripción y extranjerización) son comunes a todos los culturemas.

## 5.2.1. Culturemas opacos

El perfil de aceptabilidad de los visitantes se inclina indiscutiblemente hacia la amplificación, con un 78,1 % ($N=189$). Los residentes también prefieren la amplificación, aunque con una diferencia de 16 puntos menos con respecto a los visitantes ($N=76$, 62,3 %). El grupo de usuarios que no presenta una aceptabilidad clara (grupo mixto) constituye el segundo grupo más numeroso, tanto en los visitantes ($N=40$, 16,5 %) como en los residentes

(*N*=31, 25,4%). En cuanto a la técnica que recibe la menor aceptabilidad entre los visitantes, destaca la extranjerización, con tan solo 3 individuos (1,2%). En el grupo de residentes, la técnica de traducción menos aceptada es la generalización (*N*=1, 0,8%).

*Tabla 38: Aceptabilidad por grupo de usuarios (culturemas opacos)*

|  |  |  | N | % |
|---|---|---|---|---|
| Grupo de usuarios | Visitantes | Amplificación | 189 | 78,1% |
|  |  | Descripción | 5 | 2,1% |
|  |  | Generalización | 5 | 2,1% |
|  |  | Extranjerización o préstamo | 3 | 1,2% |
|  |  | Mixto | 40 | 16,5% |
|  | Residentes | Amplificación | 76 | 62,3% |
|  |  | Descripción | 10 | 8,2% |
|  |  | Generalización | 1 | 0,8% |
|  |  | Extranjerización o préstamo | 4 | 3,3% |
|  |  | Mixto | 31 | 25,4% |

La prueba Chi-Cuadrado ($X^2$=674,132, $p$<.05) confirma que, efectivamente, las diferencias entre las distintas técnicas de traducción son estadísticamente significativas y, por tanto, no todas ellas reciben la misma aceptabilidad entre los usuarios encuestados. Además, dado que la amplificación es la técnica con mayor aceptabilidad en los culturemas opacos y, de hecho, la eligieron 265 usuarios (189 visitantes y 76 residentes), no es de extrañar que las características socioculturales de estos usuarios coincidan con las de la totalidad de la muestra:

*Tabla 39: Características de los usuarios que optan por la amplificación en los culturemas opacos*

| Edad media: | 53 años |
|---|---|
| Género: | Mujer (53,2%) |
| País de origen: | Reino Unido (91,3%) |
| Duración de la visita a la Región de Murcia (solo para visitantes): | Una quincena (30,7%) |

| Tiempo de residencia en la Región de Murcia (solo para residentes): | Más de tres años (63,2%) |
|---|---|
| Estudio de la lengua española: | Sí (63%) |
| Tiempo de estudio de la lengua española: | Menos de un año (42,9%) |
| Situación laboral: | Trabajadores en activo (59,2%) Pensionistas (27,9%) |
| Nivel educativo: | Educación Secundaria completa (27,2%) Estudios universitarios de grado (26%) Formación Profesional (22,6%) |

Aunque ambos grupos de usuarios manifiestan una aceptabilidad similar de las técnicas de traducción, se aprecian ciertas diferencias que conviene destacar. Una de estas diferencias la encontramos en la media de aceptabilidad de cada técnica (Tabla 40). Así, a pesar de que la amplificación obtiene con diferencia la media más elevada en ambos grupos, se observa que en los visitantes ($M=0,700$) la media es más alta que en los residentes ($M=0,581$). Las mayores diferencias se concentran en la técnica con menor aceptabilidad, que, en los visitantes, corresponde a la extranjerización ($M=0,043$) y, en los residentes, a la generalización ($M=0,115$).

*Tabla 40: Comparación de medias por grupo: culturemas opacos*

| Grupo de usuarios | Técnicas | Media | Intervalo de confianza al 95% | |
|---|---|---|---|---|
| | | | Límite inferior | Límite superior |
| Visitantes | Amplificación | ,700 | ,658 | ,742 |
| | Descripción | ,144 | ,120 | ,168 |
| | Generalización | ,113 | ,092 | ,134 |
| | Extranjerización o préstamo | ,043 | ,019 | ,068 |
| Residentes | Amplificación | ,581 | ,522 | ,640 |
| | Descripción | ,157 | ,123 | ,191 |
| | Generalización | ,115 | ,086 | ,144 |
| | Extranjerización o préstamo | ,148 | ,113 | ,182 |

Es evidente que la aceptabilidad varía dependiendo de la técnica de traducción utilizada, pero aún desconocemos entre qué técnicas la diferencia es significativa. La Tabla 41 recoge estas diferencias, que podrían resumirse del siguiente modo: en cuanto a los visitantes, se aprecia que la descripción y la generalización no presentan diferencias significativas en cuanto a su aceptabilidad (*p*=.15), mientras que entre el resto de técnicas las diferencias de aceptabilidad sí son significativas (*p*=.00). En el grupo de los residentes, la aceptabilidad difere significativamente solo entre la amplificación y el resto de técnicas (*p*=.00), pues la aceptabilidad de la descripción, de la generalización y de la extranjerización no difiere entre sí de forma significativa (*p*>.05). Se pone de manifiesto, en términos generales, que la aceptabilidad de los visitantes se distribuye entre más técnicas de traducción que la de los residentes, pues en el primer grupo se observan mayores diferencias entre las distintas técnicas.

*Tabla 41: Comparaciones por pares entre las técnicas de traducción dentro de cada grupo de usuarios: culturemas opacos*

| Grupo de usuarios | (I) Técnicas | (J) Técnicas | Diferencia entre medias (I-J) | Sig.[a] | Intervalo de confianza para la diferencia al 95%[a] | |
|---|---|---|---|---|---|---|
| | | | | | Límite inferior | Límite superior |
| Visitantes | Amplificación | Descripción | ,556 | ,000 | ,474 | ,637 |
| | | Generalización | ,587 | ,000 | ,509 | ,665 |
| | | Extranjerización o préstamo | ,656 | ,000 | ,578 | ,735 |
| | Descripción | Amplificación | -,556 | ,000 | -,637 | -,474 |
| | | Generalización | ,031 | ,150 | -,006 | ,068 |
| | | Extranjerización o préstamo | ,101 | ,000 | ,052 | ,149 |
| | Generalización | Amplificación | -,587 | ,000 | -,665 | -,509 |
| | | Descripción | -,031 | ,150 | -,068 | ,006 |
| | | Extranjerización o préstamo | ,070 | ,000 | ,027 | ,112 |
| | Extranjerización o préstamo | Amplificación | -,656 | ,000 | -,735 | -,578 |
| | | Descripción | -,101 | ,000 | -,149 | -,052 |
| | | Generalización | -,070 | ,000 | -,112 | -,027 |

| Grupo de usuarios | (I) Técnicas | (J) Técnicas | Diferencia entre medias (I-J) | Sig.ᵃ | Intervalo de confianza para la diferencia al 95%ᵃ | |
|---|---|---|---|---|---|---|
| | | | | | Límite inferior | Límite superior |
| Residentes | Amplificación | Descripción | ,423 | ,000 | ,309 | ,538 |
| | | Generalización | ,466 | ,000 | ,356 | ,576 |
| | | Extranjerización o préstamo | ,433 | ,000 | ,322 | ,544 |
| | Descripción | Amplificación | -,423 | ,000 | -,538 | -,309 |
| | | Generalización | ,042 | ,178 | -,009 | ,094 |
| | | Extranjerización o préstamo | ,010 | 1,000 | -,059 | ,078 |
| | Generalización | Amplificación | -,466 | ,000 | -,576 | -,356 |
| | | Descripción | -,042 | ,178 | -,094 | ,009 |
| | | Extranjerización o préstamo | -,033 | ,901 | -,093 | ,028 |
| | Extranjerización o préstamo | Amplificación | -,433 | ,000 | -,544 | -,322 |
| | | Descripción | -,010 | 1,000 | -,078 | ,059 |
| | | Generalización | ,033 | ,901 | -,028 | ,093 |

a. Ajuste para comparaciones múltiples: Bonferroni.

El Gráfico 1 muestra que, aunque se obtiene una aceptabilidad similar en visitantes y residentes, las diferencias más significativas se condensan en la amplificación y en la extranjerización. La primera es superior en el grupo de visitantes, mientras que la segunda lo es en el grupo de residentes. Se confirma, además, que los usuarios de ambos grupos presentan una aceptabilidad muy similar ante la descripción y la generalización.

Gráfico 1: *Aceptabilidad de las técnicas de traducción para los culturemas opacos*

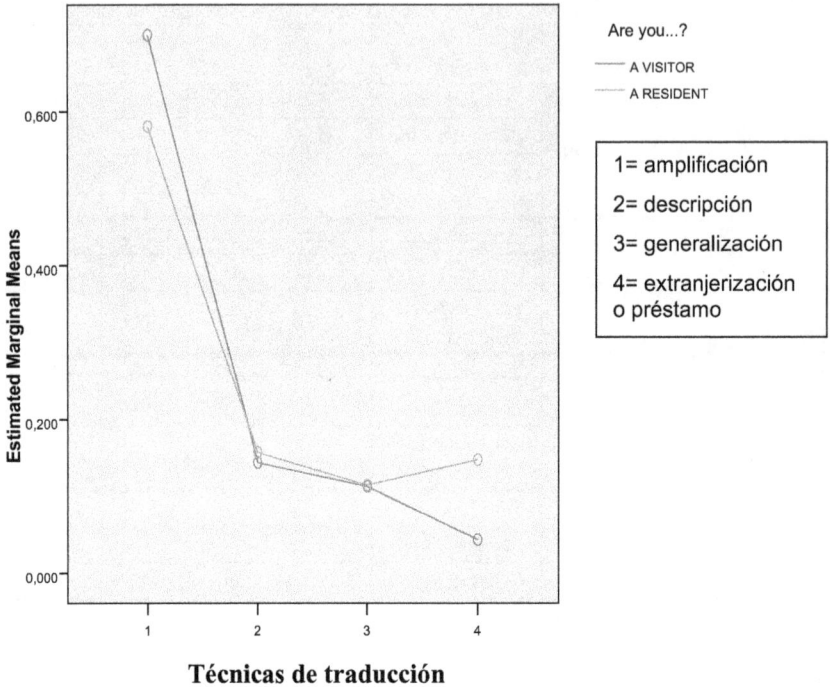

**Técnicas de traducción**

## 5.2.2. Culturemas semi-transparentes

En cuanto a los culturemas semi-transparentes, la amplificación alcanza de nuevo el porcentaje de aceptabilidad más elevado en ambos grupos de usuarios, aunque no el mayoritario, pues en ningún caso consigue superar el 50% (44,2% para los visitantes y 39,3% para los residentes). La otra técnica que representa un porcentaje de aceptabilidad considerable es la extranjerización, que alcanza un 39,7% en los visitantes y un 32,8% en los residentes.

*Tabla 42: Aceptabilidad por grupo de usuarios (culturemas semi-transparentes)*

|  |  |  | N | % |
|---|---|---|---|---|
| **Grupo de usuarios** | Visitantes | Amplificación | 107 | 44,2% |
|  |  | Domesticación o calco | 15 | 6,2% |
|  |  | Descripción | 4 | 1,7% |
|  |  | Extranjerización o préstamo | 96 | 39,7% |
|  |  | Mixto | 20 | 8,3% |
|  | Residentes | Amplificación | 48 | 39,3% |
|  |  | Domesticación o calco | 11 | 9,0% |
|  |  | Descripción | 3 | 2,5% |
|  |  | Extranjerización o préstamo | 40 | 32,8% |
|  |  | Mixto | 20 | 16,4% |

La prueba Chi-Cuadrado ($X^2$=252,016, $p<.05$) confirma de nuevo que las diferencias en la aceptabilidad de las técnicas de traducción son significativas, pues existen técnicas que son más aceptadas que otras. Visto que la amplificación es la técnica de traducción más aceptada también en los culturemas semi-transparentes, aunque con un porcentaje bastante menor que en los culturemas opacos, se describen a continuación las características socioculturales de los usuarios que optaron por dicha técnica:

*Tabla 43: Características de los usuarios que optan por la amplificación en los culturemas semi-transparentes*

| Edad media: | 53 años |
|---|---|
| Género: | Hombre (51%) |
| País de origen: | Reino Unido (90,3%) |
| Duración de la visita a la Región de Murcia (solo para visitantes): | Una quincena (27,1%) |
| Tiempo de residencia en la Región de Murcia (solo para residentes): | Más de tres años (68,8%) |
| Estudio de la lengua española: | Sí (58,1%) |
| Tiempo de estudio de la lengua española: | Menos de un año (35,6%) Más de tres años (35,6%) |

| Situación laboral: | Trabajadores en activo (61,3%) Pensionistas (27,1%) |
|---|---|
| Nivel educativo: | Educación Secundaria completa (28,4%) Estudios universitarios de grado (27,7%) Formación Profesional (20,6%) |

Se observa en la Tabla 43 que las características del grupo de usuarios que optó por la amplificación en los culturemas semi-transparentes difieren levemente de aquellas de los culturemas opacos; en concreto, destaca el tiempo de estudio de la lengua española. Se aprecia, de hecho, que los individuos que seleccionan la amplificación en los culturemas semi-transparentes han estudiado la lengua española menos de un año y más de tres años en el mismo porcentaje (35,6%). El hecho de que un 35,6% de los individuos manifestara haber estudiado español durante más de tres años y, aun así, seleccionara la amplificación nos llevaría a descartar la hipótesis de que a menor tiempo de estudio de la lengua española, mayor aceptabilidad de la amplificación. Sin embargo, el estudio en sí de la lengua española – que no el tiempo de estudio – sí parece ser una variable influyente, especialmente en lo que se refiere a los culturemas semi-transparentes. Así, de los 136 usuarios (96 visitantes y 40 residentes) que prefieren la extranjerización, 84 (61,8%) manifiestan haber estudiado español.

Ambos grupos de usuarios manifiestan nuevamente una aceptabilidad similar de las técnicas de traducción. Sin embargo, las medias de aceptabilidad varían de un grupo a otro. Así, la amplificación, técnica más aceptada en ambos grupos, vuelve a seleccionarse en mayor medida por parte de los visitantes ($M=0,577$) que de los residentes ($M=0,474$). Por su parte, la extranjerización, pese a ser la técnica con la aceptabilidad más baja en ambos grupos, alcanza una media considerablemente más elevada en los residentes ($M=0,167$) que en los visitantes ($M=0,057$). De hecho, la domesticación ($M=0,168$) y la extranjerización ($M=0,167$) obtienen medias casi idénticas en el grupo de los residentes.

*Tabla 44: Comparación de medias por grupo de usuarios: culturemas semi-transparentes*

| Grupo de usuarios | Técnicas | Media | Intervalo de confianza al 95% | |
|---|---|---|---|---|
| | | | Límite inferior | Límite superior |
| Visitantes | Amplificación | ,577 | ,545 | ,610 |
| | Domesticación o calco | ,157 | ,137 | ,176 |
| | Descripción | ,209 | ,188 | ,230 |
| | Extranjerización o préstamo | ,057 | ,033 | ,081 |
| Residentes | Amplificación | ,474 | ,429 | ,520 |
| | Domesticación o calco | ,168 | ,141 | ,196 |
| | Descripción | ,190 | ,160 | ,220 |
| | Extranjerización o préstamo | ,167 | ,133 | ,200 |

La aceptabilidad de las técnicas de traducción usadas para traducir culturemas semi-transparentes varía significativamente en el grupo de los visitantes ($p<.05$), en el que, además, son la amplificación y la extranjerización las que mayores diferencias presentan en cuanto a su aceptabilidad con el resto de técnicas ($p=.00$). En los residentes, las diferencias de aceptabilidad se concentran solo entre la amplificación y el resto de técnicas ($p=.00$), pues la domesticación, la descripción y la extranjerización no difieren en su aceptabilidad de forma significativa ($p=1$). Al igual que en los culturemas opacos, estos datos parecen evidenciar que los visitantes muestran una aceptabilidad de las técnicas de traducción más variada que los residentes, pues en los primeros las diferencias entre las distintas técnicas son mayores.

*Tabla 45: Comparaciones por pares entre las técnicas de traducción dentro de cada grupo de usuarios: culturemas semi-transparentes*

| Grupo de usuarios | (I) Técnicas | (J) Técnicas | Diferencia entre medias (I-J) | Sig.[a] | Intervalo de confianza para la diferencia al 95%[a] | |
|---|---|---|---|---|---|---|
| | | | | | Límite inferior | Límite superior |
| Visitantes | Amplificación | Domesticación o calco | ,421 | ,000 | ,359 | ,482 |
| | | Descripción | ,368 | ,000 | ,306 | ,431 |
| | | Extranjerización o préstamo | ,520 | ,000 | ,453 | ,586 |
| | Domesticación o calco | Amplificación | -,421 | ,000 | -,482 | -,359 |
| | | Descripción | -,052 | ,003 | -,092 | -,012 |
| | | Extranjerización o préstamo | ,099 | ,000 | ,055 | ,143 |
| | Descripción | Amplificación | -,368 | ,000 | -,431 | -,306 |
| | | Domesticación o calco | ,052 | ,003 | ,012 | ,092 |
| | | Extranjerización o préstamo | ,152 | ,000 | ,104 | ,199 |
| | Extranjerización o préstamo | Amplificación | -,520 | ,000 | -,586 | -,453 |
| | | Domesticación o calco | -,099 | ,000 | -,143 | -,055 |
| | | Descripción | -,152 | ,000 | -,199 | -,104 |
| Residentes | Amplificación | Domesticación o calco | ,306 | ,000 | ,219 | ,393 |
| | | Descripción | ,284 | ,000 | ,196 | ,372 |
| | | Extranjerización o préstamo | ,308 | ,000 | ,214 | ,402 |
| | Domesticación o calco | Amplificación | -,306 | ,000 | -,393 | -,219 |
| | | Descripción | -,022 | 1,000 | -,078 | ,034 |
| | | Extranjerización o préstamo | ,002 | 1,000 | -,060 | ,064 |
| | Descripción | Amplificación | -,284 | ,000 | -,372 | -,196 |
| | | Domesticación o calco | ,022 | 1,000 | -,034 | ,078 |
| | | Extranjerización o préstamo | ,024 | 1,000 | -,044 | ,091 |
| | Extranjerización o préstamo | Amplificación | -,308 | ,000 | -,402 | -,214 |
| | | Domesticación o calco | -,002 | 1,000 | -,064 | ,060 |
| | | Descripción | -,024 | 1,000 | -,091 | ,044 |

a. Ajuste para comparaciones múltiples: Bonferroni.

El Gráfico 2 resume los resultados obtenidos para los culturemas semi-transparentes y, en efecto, corrobora que, si bien la aceptabilidad de visitantes y residentes es muy similar ante determinadas técnicas (como la domesticación y la descripción), en otras técnicas su aceptabilidad difiere notablemente. En concreto, dichas diferencias son significativas en la amplificación y en la extranjerización, pues la primera obtiene mayor aceptabilidad en el grupo de los visitantes, mientras que la segunda alcanza medias más elevadas en el grupo de los residentes.

*Gráfico 2: Aceptabilidad de las técnicas de traducción para los culturemas semi-transparentes*

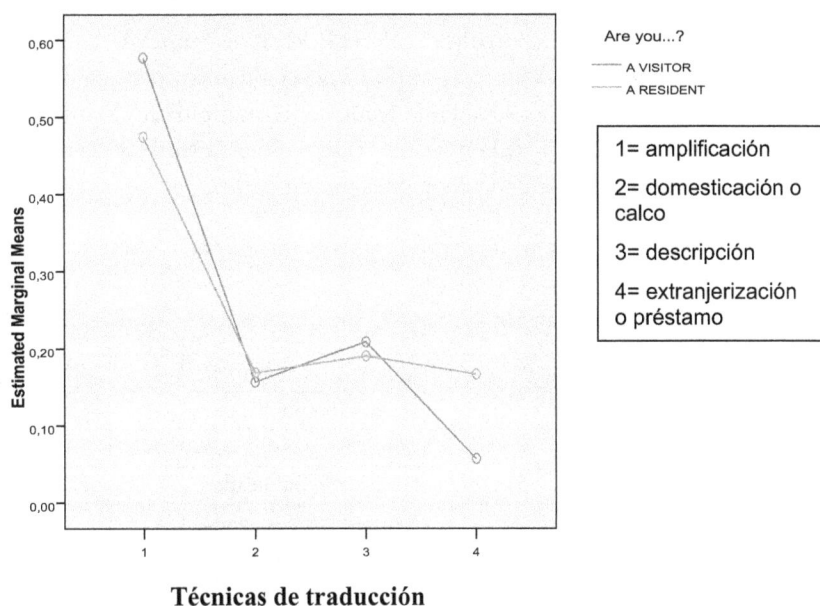

**Técnicas de traducción**

## 5.3. Traducción manipulada frente a traducción publicada

Cada culturema del cuestionario presentaba distintas opciones de traducción y una de ellas correspondía a la traducción publicada por organismos oficiales de la Región de Murcia, mientras que las restantes versiones eran manipulaciones de ese texto publicado. De esta manera, se pretendía averiguar la aceptabilidad de los culturemas traducidos presentes en textos turísticos oficiales frente a la aceptabilidad de las versiones manipuladas.

Veamos primero los resultados referidos a la totalidad de los usuarios y, a continuación, organizados por grupo.

En cuanto al conjunto de individuos, los resultados indican que alguna de las versiones manipuladas parece tener mayor aceptabilidad que la traducción publicada. De hecho, los datos de la Tabla 46 revelan que en 10 de los 15 culturemas se prefiere una de las traducciones manipuladas. En los cinco términos restantes la traducción publicada resulta efectiva para los usuarios. Se trata de los culturemas "huertanos" ($N=255$, 70,1%), "ruscos" ($N=265$, 72,8%), "paparajotes" ($N=196$, 53,8%), "michirones" ($N=250$, 68,7%) y "zarangollo" ($N=220$, 60,4%), cuyas traducciones publicadas obtienen mayor aceptabilidad que las manipuladas. Por el contrario, algunos culturemas como "torta de chicharrones" ($N=334$, 91,8%), "nardos" ($N=341$, 93,7%) o "Caballos del Vino" ($N=338$, 92,9%) alcanzan porcentajes de aceptabilidad superiores al 90% en la traducción manipulada, lo que nos indica que más de un 90% de la muestra no selecciona la traducción oficial y prefiere, en cambio, una de las opciones manipuladas.

*Tabla 46: Traducción manipulada frente a traducción publicada: totalidad de la muestra*

|  |  |  | N | % |
|---|---|---|---|---|
| Gastronomía | Paparajotes | Traducción manipulada | 168 | 46,2% |
|  |  | Traducción publicada | 196 | 53,8% |
|  | Arrope | Traducción manipulada | 284 | 78,0% |
|  |  | Traducción publicada | 80 | 22,0% |
|  | Michirones | Traducción manipulada | 114 | 31,3% |
|  |  | Traducción publicada | 250 | 68,7% |
|  | Zarangollo | Traducción manipulada | 144 | 39,6% |
|  |  | Traducción publicada | 220 | 60,4% |
|  | Torta de chicharrones | Traducción manipulada | 334 | 91,8% |
|  |  | Traducción publicada | 30 | 8,2% |

|  |  |  | N | % |
|---|---|---|---|---|
| Medio natural | Almarjos | Traducción manipulada | 289 | 79,6% |
|  |  | Traducción publicada | 74 | 20,4% |
|  | Galán de noche | Traducción manipulada | 240 | 65,9% |
|  |  | Traducción publicada | 124 | 34,1% |
|  | Ruscos | Traducción manipulada | 99 | 27,2% |
|  |  | Traducción publicada | 265 | 72,8% |
|  | Mirtos | Traducción manipulada | 309 | 84,9% |
|  |  | Traducción publicada | 55 | 15,1% |
|  | Nardos | Traducción manipulada | 341 | 93,7% |
|  |  | Traducción publicada | 23 | 6,3% |
| Patrimonio cultural | Entierro de la sardina | Traducción manipulada | 311 | 85,4% |
|  |  | Traducción publicada | 53 | 14,6% |
|  | Acequias | Traducción manipulada | 209 | 57,4% |
|  |  | Traducción publicada | 155 | 42,6% |
|  | Zaragüelles | Traducción manipulada | 301 | 82,7% |
|  |  | Traducción publicada | 63 | 17,3% |
|  | Caballos del Vino | Traducción manipulada | 338 | 92,9% |
|  |  | Traducción publicada | 26 | 7,1% |
|  | Huertanos | Traducción manipulada | 109 | 29,9% |
|  |  | Traducción publicada | 255 | 70,1% |

En el grupo de los visitantes, se obtienen resultados que coinciden con los de la totalidad de la muestra y, en efecto, la Tabla 47 refleja que, solo en 5 culturemas la traducción oficial logra mayor aceptabilidad que la manipulada. Estos cinco culturemas coinciden también con los aceptados por el conjunto de usuarios anglófonos; en concreto, se trata de los culturemas "paparajotes", "michirones", "zarangollo, "ruscos" y "huertanos", de los que los cuatro primeros se han traducido mediante amplificación en la versión oficial. En el resto de culturemas, un alto porcentaje de usuarios (alrededor del 80–90% la mayoría de las veces) no se decanta por la traducción publicada, sino que se inclina por una de las traducciones manipuladas.

*Tabla 47: Traducción manipulada frente a traducción publicada: visitantes*

|  |  |  | N | % |
|---|---|---|---|---|
| Gastronomía | Paparajotes | Traducción manipulada | 106 | 43,8% |
|  |  | Traducción publicada | 136 | 56,2% |
|  | Arrope | Traducción manipulada | 192 | 79,3% |
|  |  | Traducción publicada | 50 | 20,7% |
|  | Michirones | Traducción manipulada | 69 | 28,5% |
|  |  | Traducción publicada | 173 | 71,5% |
|  | Zarangollo | Traducción manipulada | 88 | 36,4% |
|  |  | Traducción publicada | 154 | 63,6% |
|  | Torta de chicharrones | Traducción manipulada | 220 | 90,9% |
|  |  | Traducción publicada | 22 | 9,1% |
| Medio natural | Almarjos | Traducción manipulada | 198 | 82,2% |
|  |  | Traducción publicada | 43 | 17,8% |
|  | Galán de noche | Traducción manipulada | 155 | 64,0% |
|  |  | Traducción publicada | 87 | 36,0% |
|  | Ruscos | Traducción manipulada | 53 | 21,9% |
|  |  | Traducción publicada | 189 | 78,1% |
|  | Mirtos | Traducción manipulada | 211 | 87,2% |
|  |  | Traducción publicada | 31 | 12,8% |
|  | Nardos | Traducción manipulada | 225 | 93,0% |
|  |  | Traducción publicada | 17 | 7,0% |
| Patrimonio cultural | Entierro de la sardina | Traducción manipulada | 211 | 87,2% |
|  |  | Traducción publicada | 31 | 12,8% |
|  | Acequias | Traducción manipulada | 135 | 55,8% |
|  |  | Traducción publicada | 107 | 44,2% |
|  | Zaragüelles | Traducción manipulada | 199 | 82,2% |
|  |  | Traducción publicada | 43 | 17,8% |
|  | Caballos del Vino | Traducción manipulada | 225 | 93,0% |
|  |  | Traducción publicada | 17 | 7,0% |
|  | Huertanos | Traducción manipulada | 64 | 26,4% |
|  |  | Traducción publicada | 178 | 73,6% |

Por último, los residentes tienden a aceptar una de las versiones manipuladas incluso en mayor medida que los visitantes (Tabla 48). De hecho, solo cuatro culturemas de la versión oficial presentan una aceptabilidad mayor a las versiones manipuladas. Estos culturemas coinciden, además, con los seleccionados por el grupo anterior, a excepción del culturema "paparajotes", en el que esta vez la traducción manipulada ($N$=62, 50,8%) supera levemente a la traducción publicada ($N$=60, 49,2%). Asimismo, a pesar de las similitudes con el grupo de visitantes, conviene señalar que los porcentajes de aceptabilidad con respecto a la traducción oficial son aún más bajos en los residentes.

*Tabla 48: Traducción manipulada frente a traducción publicada: residentes*

| | | | N | % |
|---|---|---|---|---|
| Gastronomía | Paparajotes | Traducción manipulada | 62 | 50,8% |
| | | Traducción publicada | 60 | 49,2% |
| | Arrope | Traducción manipulada | 92 | 75,4% |
| | | Traducción publicada | 30 | 24,6% |
| | Michirones | Traducción manipulada | 45 | 36,9% |
| | | Traducción publicada | 77 | 63,1% |
| | Zarangollo | Traducción manipulada | 56 | 45,9% |
| | | Traducción publicada | 66 | 54,1% |
| | Torta de chicharrones | Traducción manipulada | 114 | 93,4% |
| | | Traducción publicada | 8 | 6,6% |
| Medio natural | Almarjos | Traducción manipulada | 91 | 74,6% |
| | | Traducción publicada | 31 | 25,4% |
| | Galán de noche | Traducción manipulada | 85 | 69,7% |
| | | Traducción publicada | 37 | 30,3% |
| | Ruscos | Traducción manipulada | 46 | 37,7% |
| | | Traducción publicada | 76 | 62,3% |
| | Mirtos | Traducción manipulada | 98 | 80,3% |
| | | Traducción publicada | 24 | 19,7% |
| | Nardos | Traducción manipulada | 116 | 95,1% |
| | | Traducción publicada | 6 | 4,9% |

|  |  |  | N | % |
|---|---|---|---|---|
| Patrimonio cultural | Entierro de la sardina | Traducción manipulada | 100 | 82,0% |
|  |  | Traducción publicada | 22 | 18,0% |
|  | Acequias | Traducción manipulada | 74 | 60,7% |
|  |  | Traducción publicada | 48 | 39,3% |
|  | Zaragüelles | Traducción manipulada | 102 | 83,6% |
|  |  | Traducción publicada | 20 | 16,4% |
|  | Caballos del Vino | Traducción manipulada | 113 | 92,6% |
|  |  | Traducción publicada | 9 | 7,4% |
|  | Huertanos | Traducción manipulada | 45 | 36,9% |
|  |  | Traducción publicada | 77 | 63,1% |

Aunque con las limitaciones propias de un estudio de estas características, los datos de aceptabilidad parecen poner en entredicho la eficiencia y la comunicabilidad de un aspecto tan fundamental como es la traducción de la cultura en el ámbito del turismo. Estos resultados dejan entrever ciertas implicaciones turísticas e incluso posibles mejoras a nuestro alcance que se discutirán en el siguiente capítulo.

# Capítulo 6. Conclusiones e implicaciones

## 6.1. Conclusiones

El análisis de la aceptabilidad de culturemas traducidos muestra, por un lado, tímidas tendencias que distinguen a visitantes de residentes y, por otro, un único y aparente sentimiento común de extranjero que prefiere la traducción mediante amplificación. Las tendencias observadas podrían resumirse en el grado de explicitación preferido por cada grupo de usuarios. Así, aunque ambos grupos optan por la amplificación, son los visitantes los que tienden a seleccionarla en mayor medida, hecho que se traduce en un mayor exotismo explicitado. En los residentes, la diferencia más notoria con respecto a los visitantes reside en una mayor aceptabilidad de la extranjerización, lo que implica un grado de aceptabilidad más alto hacia el exotismo sin explicitación. A estas tendencias se añaden diferencias intragrupales que ponen de manifiesto una aceptabilidad más variada entre los visitantes frente a la aceptabilidad más homogénea de los residentes. No obstante, por encima de estas tendencias en la aceptabilidad y de las características diferenciadoras entre grupos, prima la condición que todos comparten de ser potenciales usuarios de folletos turísticos de la Región de Murcia. Puede afirmarse entonces que las características sociodemográficas de los usuarios no resultan significativas para la aceptabilidad de una determinada técnica de traducción, por lo que podemos pensar que la aceptabilidad de los elementos culturales no depende ya de este tipo de características, sino más bien de factores como la distancia cultural e interlingüística de los destinatarios con respecto a la cultura promocionada. A este respecto, Nobs (2003) recoge en las conclusiones de su estudio una afirmación que bien podría aplicarse al nuestro:

> La segmentación puntual de los datos de nuestro estudio por las variables sociodemográficas y socioculturales que caracterizan a los sujetos del mismo ha arrojado unos resultados que, en general, se distinguen muy poco de los resultados obtenidos sin previa segmentación. (p. 368)

Del estudio, además, se desprende una posible clasificación de técnicas de traducción basada en la aceptabilidad de los usuarios: i) en primer lugar, se prefiere una amplificación que aclare o explique el culturema origen; ii) en segundo lugar, se opta por la descripción, que implica renunciar al trasvase del culturema origen en favor de la descripción del mismo; ii) en tercer lugar, se encuentra la domesticación, que supone la pérdida del exotismo del texto y de su carácter local; iv) en cuarto lugar, se sitúa la generalización, que implica recurrir a un término más general o neutro; v) finalmente, se opta por la extranjerización, en la que prevalece el exotismo del texto traducido sin ninguna explicitación. La extranjerización, junto con la amplificación, son las técnicas que concentran las mayores diferencias de aceptabilidad entre visitantes y residentes. A este respecto, Bugnot (2006, p. 19) afirma que las decisiones de un traductor han de estar determinadas por un razonamiento en el que primen determinados parámetros indispensables, entre los que se encuentra el perfil del receptor meta. Sin embargo, se ha demostrado que la aceptabilidad de los usuarios apenas se ve influida por sus características sociodemográficas. Sí que conviene, en el contexto de la traducción turística, conocer determinadas características del destinatario, como su conocimiento previo de la cultura origen y, conforme a este parámetro, tomar las decisiones traductológicas oportunas.

La amplificación, considerada por otros autores (Trainor, 2003; Cómitre Narváez, 2006; Durán Muñoz, 2012a; Cómitre Narváez y Valverde Zambrana, 2014) una técnica simple que se corresponde con la explicitación, se ha tratado aquí como técnica combinada compuesta por el culturema origen (préstamo) y una breve explicitación. Aunque no del todo comparable con este trabajo, González Pastor (2012), a través de un estudio contrastivo español-inglés de culturemas procedentes de diversos ámbitos, observa que el préstamo es la técnica simple más utilizada por los traductores y que, en segundo lugar, se emplea la amplificación, aunque normalmente aparece combinada con otras técnicas. Dicha combinación es la que se ha precisado en este trabajo y consiste fundamentalmente en la coexistencia de las dos técnicas de traducción, esto es, el préstamo y la amplificación. A pesar de utilizar una terminología diferente, Trainor (2003), Cómitre Narváez (2006), Durán Muñoz (2012a) y Cómitre Narváez y Valverde Zambrana (2014) coinciden en que las técnicas simples son comunes, pero la utilización de técnicas híbridas o mixtas es más efectiva, especialmente aquellas compuestas de un préstamo acompañado de la explicitación del contenido.

En cuanto a las técnicas con la aceptabilidad más baja, destaca la extranjerización y la descripción en el grupo de visitantes. Estos datos sugieren que tanto la extranjerización como la descripción no alcanzan la aceptabilidad deseada si se utilizan por separado, pero, al combinarse entre sí para traducir un culturema, son ampliamente aceptadas. Por su parte, los residentes apenas muestran aceptabilidad por la generalización y la descripción. Ambas técnicas implican una pérdida del culturema origen y, por ello, no es de extrañar que hayan recibido una aceptabilidad mínima, lo que pone de manifiesto la necesidad de conocer el culturema origen para, así, poder identificarlo y nombrarlo en el destino turístico. La conservación del término origen es especialmente relevante en ámbitos como el de la gastronomía, aunque no ocurre lo mismo con otros ámbitos como el del medio natural y el del patrimonio cultural, en los que se ha comprobado que la descripción del culturema resulta bastante aceptada. Es en estos casos en los que el usuario renuncia al nombre del término origen y opta por la descripción del mismo (Soto Almela, 2013). En líneas generales, la presencia del término origen (explicado o no) resulta positiva para transmitir el color local e histórico de un determinado destino (Vlakhov y Florin, 1970). De hecho, Jänis y Priiki (1993) también concluyen que los turistas rusos consideran la "extrañeza" de ciertos términos finlandeses presentes en el texto traducido al ruso como algo positivo y exótico.

Mención especial merece la aceptabilidad tan alta que ha obtenido la extranjerización a la hora de traducir culturemas semi-transparentes (39,7% para visitantes y 32,8% para residentes). Al factor "estudio de la lengua española", hemos de añadir el tipo de culturemas que se traducen. De hecho, se trata de culturemas semi-transparentes que están formados por palabras procedentes de la lengua general. Debe tenerse en cuenta, por tanto, que no todos los culturemas resultan igualmente complejos en cuanto a su traducción, sino que puede establecerse una clasificación basada en su grado de transparencia:

- Culturemas opacos: términos complejos de traducir que designan elementos con una carga cultural total y que son propios de la cultura popular. En nuestro caso, son culturemas opacos *paparajotes*, *arrope* o *zaragüelles*.
- Culturemas semi-transparentes: términos que designan elementos con una carga cultural parcial, ya que están formados por palabras provenientes

de la lengua general. *Caballos del Vino* o *Entierro de la Sardina* son ejemplos de culturemas semi-transparentes.

• Culturemas universales o transparentes: términos que designan elementos globalizados y compartidos por las culturas en juego (*tapas, paella, flamenco*) y que se identifican fácilmente.

El estudio realizado también pone de relieve la baja aceptabilidad que presenta la versión de traducción publicada por la Concejalía de Turismo, Ferias y Congresos y la Consejería de Cultura y Turismo de la Región de Murcia. Esta baja aceptabilidad, respaldada por una mayoría de usuarios que prefiere una de las versiones manipuladas, parece poner en entredicho la efectividad de la traducción de la cultura como uno de los aspectos primordiales de la traducción de textos turísticos. Los residentes, además, muestran una aceptabilidad más baja ante la traducción publicada que los visitantes, hecho que puede deberse a que los residentes conocen la realidad de la cultura origen y, por tanto, reúnen las condiciones idóneas para percatarse de que la traducción de un culturema puede distorsionar o no coincidir con la realidad. Es evidente que esta conclusión conlleva ciertas implicaciones prácticas para la industria del turismo que se discutirán en el siguiente apartado.

## 6.2. Implicaciones teóricas y prácticas

Este trabajo puede considerarse un eslabón que conecta teoría y práctica. Por una parte, se centra en la investigación en traducción turística como traducción especializada falta de reconocimiento y, por otra, presenta implicaciones que bien pueden trasladarse de la esfera académica e investigadora a la esfera profesional del sector turístico.

### 6.2.1. Implicaciones teóricas para la Traductología

Esta monografía pretende contribuir a la consolidación de la investigación en traducción turística y busca otorgar a este tipo de traducción el estatus que se merece dentro de la Traductología. Como se ha podido comprobar, no son muchos los estudios sobre traducción turística que tienen en cuenta la aceptabilidad de los destinatarios; en cambio, sí que son más numerosos aquellos que adoptan una perspectiva eminentemente contrastiva. El estudio de la aceptabilidad de los turistas ante las traducciones se ha mantenido al margen y aún no se ha llegado a valorar el eslabón tan esencial que estos constituyen dentro de un sector con tanto peso económico para nuestro país como es el turístico.

Desde un punto de vista metodológico, este trabajo recoge un estudio fundamentalmente empírico, centrado no ya en el proceso traductor, sino en el producto traducido y en sus lectores-turistas. Esta metodología orientada al producto nos ha permitido adecuar la calidad de una traducción turística a sus receptores en lo que respecta a la traducción de la cultura. Además, en lo concerniente al ámbito de la Didáctica de la Traducción, se ha obtenido un conjunto de técnicas traslativas, basadas en la aceptabilidad de los destinatarios, que pueden resultar útiles para la formación de traductores.

En términos de concienciación sobre la importancia de la traducción turística, se han puesto sobre la mesa los problemas que giran en torno a este tipo de traducción en nuestro país y que dan lugar a una falta de calidad. De hecho, una de las razones que llevan a dicha falta de calidad es precisamente la escasez de fundamentos teóricos y de estudios empíricos que sienten precedentes y demuestren la importancia de este tipo de traducción, merecedora de ser estudiada en el ámbito académico por su heterogeneidad lingüística, su diversidad textual, su multifuncionalidad y su fuerte arraigo cultural. A estas características, hemos de añadir el creciente número de encargos de traducción procedentes del sector turístico.

### 6.2.2. Implicaciones prácticas para el sector turístico

Tanto visitantes como residentes extranjeros se acercan a la cultura de un lugar a través de los textos turísticos traducidos y es, por ello, que cultura y turismo están fuertemente relacionados. De hecho, la cultura representa uno de los aspectos que más se deben cuidar por su atractivo y unicidad, que distinguen a un destino turístico del resto. A este respecto, la propia OCDE (2009) señala que:

> La cultura y el turismo tienen una relación mutuamente benéfica que puede fortalecer el atractivo y la competitividad de los lugares, regiones y países. La cultura es cada vez un elemento más importante del producto turístico, que a la vez genera distinción en un mercado global abarrotado. Al mismo tiempo, el turismo ofrece un medio importante para valorar la cultura y crear ingresos que pueden apoyar y fortalecer el legado cultural, la producción cultural y la creatividad. Por lo tanto,

generar una fuerte relación entre el turismo y la cultura puede ayudar a que los lugares se vuelvan más atractivos y a la vez aumenten su competitividad como lugares para vivir, trabajar e invertir. (p. 13)

En el sector del turismo, es necesario cuidar al cliente y lograr que la traducción turística, al igual que la traducción de un anuncio publicitario, forme parte del marketing de los servicios turísticos de un determinado destino. De esta manera, por ejemplo, la traducción acertada de un folleto turístico sobre la Costa Cálida tendrá como consecuencia un incremento de la afluencia de turistas a esa zona y, por tanto, una importante repercusión económica. Y, dado que la industria turística está orientada a la satisfacción del turista, debe cuidarse la carta de presentación ante el turista extranjero interesado en visitar un destino o en iniciar una visita por la ciudad en la que se halla. Las instituciones y los organismos oficiales deben concienciarse de que la escasa calidad de la traducción turística ocasiona pérdidas económicas. Sin embargo, cuando hablamos de calidad en una traducción turística, no nos referimos solo a la ausencia de errores ortotipográficos y gramaticales, que "pueden provocar el desinterés de los visitantes y dar lugar a una pérdida de reputación de un determinado destino" (Durán Muñoz, 2011a, p. 517), sino también a la adecuación a los destinatarios. En este sentido, los traductores ayudan a promocionar un destino turístico gracias a su labor como mediadores entre culturas, encargados de acercar la cultura origen a los destinatarios del texto meta.

Los resultados de este estudio demuestran que la aceptabilidad de la traducción manipulada es superior a la de la traducción publicada. La comunidad traductora debe entonces esforzarse por visibilizar la figura del traductor dentro de este sector y, para ello, sería recomendable elaborar un manual de buenas prácticas sobre traducción turística que recoja los principios básicos sobre los que se articula este tipo de traducción y que se distribuya entre las entidades u organismos oficiales que encargan la traducción de folletos, anuncios de destinos turísticos o páginas web institucionales. Algunos puntos fundamentales que debería abordar este manual serían:

1. La traducción de textos turísticos es una traducción especializada que debe quedar en manos de traductores profesionales, adecuadamente formados y cualificados para enfrentarse a un texto léxicamente heterogéneo y con un profundo arraigo cultural.

2. El traductor de textos turísticos debe recibir instrucciones lo más precisas posibles sobre el encargo de traducción y debe documentarse sobre el destino y su cultura o conocerlos personalmente.

3. El traductor de textos turísticos debe tener presente el tipo de destinatarios para los que traduce y saber que, independientemente del tipo de turista, lo que prima es el sentimiento de extranjero que visita o reside en un destino distinto al de su país de origen.

4. En el texto traducido debe mantenerse cierto grado de exotismo, de color local y de extravagancia, acompañados de una adecuada explicitación que acerque la cultura origen a los visitantes. Dicha explicitación, además, debe ser lo más escueta y directa posible[18].

5. Es recomendable, si es posible, que el texto turístico traducido sea revisado por hablantes nativos[19].

6. Ni el exotismo desorbitado ni el afán traductor por trasvasar o hacer invisibles los elementos culturales del texto origen tienen una buena aceptabilidad entre los potenciales usuarios consumidores de folletos turísticos. Por tanto, en la traducción turística no diremos que el texto traducido debe adecuarse a la cultura meta, sino que debe adaptarse a la audiencia de la cultura meta, en busca de la equivalencia comunicativa por encima de la literal. El texto debe funcionar en sus receptores y estos deben ver satisfechas sus necesidades y resueltas sus dudas como consumidores de textos turísticos.

7. El culturema origen no debe eliminarse, puesto que resulta fundamental para que los usuarios reconozcan la realidad cultural en el destino turístico y puedan nombrarla o referirse a ella.

8. Debe tenerse en cuenta que no todos los culturemas son igualmente complejos o polémicos en cuanto a su traducción. De hecho, existen culturemas propios de una cultura, más opacos o con mayor arraigo

---

18 De hecho, uno de los comentarios realizados por uno de los usurios refleja su predilección por una breve explicitación del término origen: "if something needs explaining, then say it simply; if one word will do, then don't use 10, bigger isn't always better" (Dave).

19 Otro comentario realizado por un usuario confirma esta idea: "I would suggest that any document which is translated has to be proof-read by a native speaker. As there are so many of us around, it shouldn't be too hard to find a native speaker who would check a document before it goes to print" (Claire).

cultural, como los gastronómicos, y otros más transparentes que están formados por elementos de la lengua común, como ocurre con los culturemas pertenecientes al ámbito de las fiestas tradicionales. No obstante, este estudio ha reflejado que domesticar en el caso de culturemas más transparentes como "Caballos del Vino" ("Wine Horses") no parece tener una buena aceptabilidad entre los usuarios.

Estos principios conforman las pautas iniciales necesarias que deben aceptarse por parte de los organismos oficiales y aplicarse por parte de los traductores. Si realmente se pretende lograr una mejora en la calidad de la traducción turística, sería conveniente que los hallazgos en este ámbito de la traducción se trasladasen del plano teórico al práctico y que ambas esferas, la académica y la profesional, colaborasen en busca de un evidente interés común: la efectiva promoción internacional de un destino turístico.

## 6.3. Limitaciones y prospectiva

Esta monografía ofrece resultados modestos, aunque valiosos para la situación actual que atraviesa la traducción turística, una situación de progresivo reconocimiento y visibilidad tanto dentro de la formación de traductores como de la industria del turismo. Somos conscientes de que la selección intencionada de los usuarios se traduce en una imposibilidad de generalizar o extrapolar los datos a la totalidad de la población estudiada. Más que verdades universales, los resultados reflejan tendencias indicativas de la aceptabilidad de visitantes y residentes con respecto a culturemas traducidos.

Además, las tendencias obtenidas están basadas en un cuestionario de 15 culturemas, que puede parecer insuficiente para determinar la aceptabilidad de un determinado grupo de usuarios. Sin embargo, la opción de añadir más culturemas habría dado lugar a un cuestionario demasiado extenso en el que se corría el riesgo de que los usuarios se fatigaran, respondieran al azar e incluso no participaran. Por este motivo, se decidió dar prioridad a la brevedad y a la sencillez en el diseño del cuestionario. En cambio, esta limitación en el número de culturemas estudiados no se da en los estudios contrastivos, donde es posible analizar un número mayor de culturemas.

En cuanto a las futuras líneas de investigación, este trabajo puede ser el detonante de una línea de investigación centrada en la traducción para la industria del turismo, donde aún queda mucho por hacer. Por ejemplo, el estudio del lenguaje no verbal (imágenes) y su influencia en la traducción de culteremas en textos turísticos sería interesante de estudiar. Las imágenes, de hecho, desempeñan un papel esencial dentro de los textos de promoción turística y una de las características de este tipo de textos es precisamente su subordinación a la imagen, por lo que texto e imagen forman un todo indisoluble. También sería interesante estudiar la aceptabilidad de los usuarios en función de otros criterios que no sean simplemente sociodemográficos, sino basados en la distancia cultural, en el conocimiento previo del destino turístico e incluso en la integración en la cultura origen; factores importantes a la hora de seleccionar una determinada técnica de traducción. La integración cultural no guarda ninguna relación con los años de estancia, sino que está estrechamente vinculada al contacto con una cultura y a la interacción con sus miembros, con su forma de vida y con sus instituciones. Se trata, en definitiva, de una variable importante y decisiva que se debería tener en cuenta para futuros estudios centrados en la aceptabilidad de un texto turístico traducido.

La rápida evolución de los géneros turísticos y su presencia cada vez mayor en Internet han dado lugar a los denominados géneros turísticos 2.0. (redes sociales, blogs de viajeros, portales turísticos, páginas webs institucionales, etc.), a los que acceden millones de personas desde todos los rincones del planeta, lo que hace necesaria la localización y la internacionalización de los textos turísticos digitales. Una investigación centrada en la aceptabilidad y la accesibilidad de los usuarios a estos géneros constituiría un estudio adaptado a las exigencias y necesidades actuales de los turistas. En definitiva, el estudio de la traducción turística, lejos de quedar obsoleto y sin posibilidades futuras, presenta un porvenir prometedor y en continua transformación, dominado por la aparición de nuevos géneros fácilmente accesibles y relacionados con la evolución y la pujanza de las tecnologías de la información y la comunicación.

# Referencias bibliográficas

Alarcos Llorach, E. (1982). Tipos de lenguas especiales. En Alarcos Llorach, E. (coord.), *Lengua española*. Madrid: Santillana.

Alcaraz Varó, E., Hughes, B., Campos Pardillo, M. A., Pina Medina, V. M. y Alesón Carbonell, M. A. (2000). *Diccionario de términos de turismo y de ocio*. Barcelona: Ariel.

Alegre, J., Juaneda, C. N. y Cladera, M. (2003). *Análisis cuantitativo de la actividad turística*. Madrid: Ediciones Pirámide.

Área de Tecnologías de la Información y las Comunicaciones Aplicadas (ATICA) de la Universidad de Murcia (2010). *Aplicación 'Encuestas'* (v. 2.3). Extraído de encuestas.um.es.

Baker, M. (1992). *In Other Words – A Coursebook on Translation* (1ª ed.). London: Routledge.

Beaugrande, R. de y Dressler, W. (1997). *Introducción a la lingüística del texto*. Barcelona: Ariel.

Bödeker, B. y Freese, K. (1987). Die Übersetzung von Realienbezeichnungen bei Literarischen Texten: Eine Prototypologie. *Textcontext, 2*(3), 137–165.

Bugnot, M. A. (2005). *Texto turístico y traducción especializada. Estudio crítico de un corpus español-francés sobre la Costa del Sol (1960–2004)*. (Tesis Doctoral). Universidad de Málaga, Málaga.

Bugnot, M. A. (2006). La traducción de la gastronomía: textos y contextos (francés-español). *Trans, 10*, 9–22.

Calvi, M. V. (2000). *Il linguaggio spagnolo del turismo*. Viareggio: Baroni.

Calvi, M. V. (2006). El uso de términos culturales en el lenguaje del turismo: los hoteles y su descripción. En M. V. Calvi y L. Chierichetti (Eds.), *Nuevas tendencias en el discurso de especialidad* (pp. 271–292). Bern: Peter Lang.

Calvi, M. V. (2010). Los géneros discursivos en la lengua del turismo: una propuesta de clasificación. *Ibérica, 19*, 9–32.

Comité Europeo de Normalización (2006). Norma europea de calidad para los servicios de traducción (UNE EN-15038). Extraído de http://www.en-15038.com/.

Cómitre Narváez, I. (2006). Las convenciones estilísticas culturales en campañas publicitarias de promoción turística: el caso de "España Marca" (Turespaña). En L. Félix Fernández y C. Mata Pastor (Eds.), *Traducción y cultura. Convenciones textuales y estrategia traslativa* (pp. 121–150). Málaga: Libros ENCASA.

Cómitre Narváez, I. y Valverde Zambrana, J. M. (2014). How to translate culture-specific items: a case study of tourist promotion campaign by *Turespaña. The Journal of Specialised Translation*, 21, 71–111.

Comunidad Autónoma de la Región de Murcia (CARM). *Centro Regional de Estadística de Murcia (CREM)*. Extraído de http://www.carm.es/econet/sicrem/PU12/.

Chamizo, R. (2003). *Introducción a la comunicación turística. El valor de la imagen en la comercialización de productos turísticos*. Málaga: Universidad de Málaga.

Dann, G. (1996). *The Language of Tourism: A Sociolinguistic Perspective*. New York: CAB International.

Darbelnet, J. (1977). Niveaux de la traduction. *Babel, 23*(1), 6–17.

Delisle, J. (1993). *La traduction raisonnée: Manuel d'initiation à la traduction professionnelle de l'anglais vers le français*. Ottawa: Les Presses de l'Université d'Ottawa.

Durán Muñoz, I. (2008a). El español y su dimensión mediadora en el ámbito turístico. En *Actas del IV Congreso Internacional 'El español, lengua de traducción para la cooperación y el diálogo'*, Toledo, España.

Durán Muñoz, I. (2008b). La necesidad de profesionalización en la traducción turística. En *Actas del I Congreso Internacional 'Translation in the Era of Information'* (pp- 99–113), Oviedo, España.

Durán Muñoz, I. (2011a). *El trabajo ontoterminográfico aplicado a la traducción de textos del turismo de aventura (español-inglés-alemán): fases de preparación, elaboración y edición*. (Tesis Doctoral). Universidad de Málaga: Servicio de Publicaciones de la Universidad de Málaga. Disponible en el Repositorio Institucional de la Universidad de Málaga (RIUMA): http://riuma.uma.es.

Durán Muñoz, I. (2011b). Tourist Translations as a Mediation Tool: Misunderstandings and difficulties. *Cadernos de Tradução*, 27, 29–49.

Durán Muñoz, I. (2012a). Caracterización de la traducción turística: problemas, dificultades y posibles soluciones. *Revista de Lingüística y Lenguas Aplicadas*, 7, 103–113.

Durán Muñoz, I. (2012b). Necesidades de mejora y adecuación en la traducción de textos turísticos promocionales. *Hermēneus. Revista de Traducción e Interpretación*, 14, 1–10.

Edo, N. (2016). Special Issue on The Language of Tourism 2.0. *Ibérica, 31*.

Fan, S. (1990). A Statistical Method for Translation Quality Assessment. *Target, 2*(1), 43–67.

Fischer, M. B. (2000). Sprachgefühl und Welterfahrung. La traducción inversa de textos turísticos como ejercicios para fomentar la competencia lingüística. *ELE Espéculo*. Extraído de http://www.ucm.es/info/especulo/ele/alcala.html.

Fuentes Luque, A. (2005). La traducción de promoción turística institucional: la proyección de la imagen de España. En A. Fuentes Luque (Ed.), *La traducción en el sector turístico* (pp. 59–92). Granada: Atrio.

Gamero Pérez, S. (2005). *Traducción alemán-español: aprendizaje activo de destrezas básicas*. Castelló: Publicacions de la Universitat Jaume I.

García Izquierdo, I. y Monzó Nebot, E. (2003). Una enciclopedia *para* traductores. Los géneros de especialidad como herramienta privilegiada del traductor profesional. En R. Muñoz Martín (Ed.). *I AETI. Actas del I Congreso Internacional de la Asociación Ibérica de Estudios de Traducción* (pp. 83–97). Granada, España. Extraído de http://www.aieti.eu/pubs/actas/I/AIETI_1_IGI_EMN_Enciclopedia.pdf.

González Pastor, D. M. (2012). *Análisis descriptivo de la traducción de culturemas en el texto turístico*. (Tesis Doctoral). Universitat Politècnica de València, València.

Gotti, M. (2006). The Language of Tourism as Specialized Discourse. En O. Palusci y S. Francesconi (Eds.), *Translating Tourism. Linguistic and Cultural Representations* (pp. 15–34). Trento: Università di Trento.

Grit, D. (2004). De vertaling van realia. En H. Bloemen, C. Koster, C., T. Naaijkens et al. (Eds.), *Denken over vertalen* (pp. 279–286). Nimega: Van Tilt.

Gross, R. (1998, septiembre). *El texto turístico para alumnos no nativos: razón, sinrazón del empeño didáctico en traducción inversa castellano-alemán*.

Comunicación presentada en el 'European Society for Translation Studies'. Granada, España.

Hatim, B. y Mason, I. (1990). *Discourse and the Translator*. Harlow: Longman. Traducción al español de 1995.

IBM Corp. (2010). *IBM SPSS Statistics for Windows, Version 19.0*. Armonk, NY: IBM Corp.

Instituto de Turismo de la Región de Murcia (s. f.). *Estadísticas de turismo*. Extraído de http://www.murciaturistica.es/es/estadisticas_de_turismo/.

Jänis, M. y Priiki, T. (1993). User Satisfaction with Translated Tourist Brochures: The Response of Tourists from the Soviet Union to Russian Translations of Finnish Tourist Brochures. En R. Clem (Ed.), *Translation and the (Re)production of Culture. Selected papers of the CERA Research Seminars in Translation Studies 1989–1991* (pp. 49–56). Leuven: University.

Kelly, D. (1997). The Translation of Texts from the Tourist Sector: Textual Conventions, Cultural Distance and Other Constraints. *Trans*, 2, 33–42.

Kelly, D. (1998). Ideological Implications of Translation Decisions: Positive self-and negative other presentation. *Quaderns. Revista de traducció*, 1, 57–63.

Kelly, D. (2002). Un modelo de competencia traductora: bases para el diseño curricular. *Puentes: hacia nuevas investigaciones en la mediación intercultural*, 1, 9–20.

Koller, W. (1992). *Einführung in die Übersetzungswissenschaft*. Heidelberg/ Wiesbaden: Quelle & Meyer.

La Opinión de Murcia (2009, 16 de marzo). *'No-Typical', nuevo eslogan para promocionar la Región de Murcia*. Extraído de http://www.laopi niondemurcia.es/comunidad/2009/03/16/typical-nuevo-eslogan-promo cionar-region-murcia/156991.html.

Larson, M. L. (1987). Establishing Project-Specific Criteria for Acceptability of Translations. En M. Gaddis-Rose (Ed.), *Translation Excellence: Assessment, Achievement, Maintenance* (pp. 69–76). Binghampton (New York): SUNY (State University of New York).

Le Poder, M. E. y Fuentes Luque, A. (2005). El turismo en España: panorama introductorio. En A. Fuentes Luque (Ed.), *La traducción en el sector turístico* (pp. 21–34). Granada: Atrio.

Linell, P. (1998). Discourse across Boundaries: on Recontextualizations and the Blending of Voices in Professional Discourse. *Text*, 18, 143–157.

López Santiago, M. y Giménez Folqués, D. (2016). El léxico del discurso turístico 2.0. Valencia: Servicio de Publicaciones de la Universidad de Valencia (PUV).

Luque Durán, J. de D. (2009b, octubre). *El diccionario intercultural e interlingüístico y su aplicación a la traducción de culturemas.* Comunicación presentada en las 'III Jornadas Internacionais da Traduçao da Universidade de Évora', Évora, Portugal.

Luque Nadal, L. (2009). Los culturemas: ¿unidades lingüísticas, ideológicas o culturales? *Language Design,* 11, 93–120.

Mackenzie, R. y Vienne, J. (2000). Resource Research Strategy: A Key Factor in Teaching Translation into Non-Mother Tongue. En M. Grosman, M. Kadric, I. Kovačič y M. Snell-Hornby (Eds.), *Translation into Non-Mother Tongues: In Professional Practice and Training* (pp. 125–132). Tübingen: Stauffenburg Verlag.

Martinet, A. (1960). *Elément de linguistique générale.* París: Armand Colin.

Mayoral, R. (1994). La explicitación de la información en la traducción intercultural. En A. Hurtado (Ed.), *Estudis sobre la traducció* (pp. 153–170). Castellón: Universitat Jaume I.

Ministerio de Industria, Energía y Turismo (s. f.). *Instituto de Estudios Turísticos (Frontur, Egatur y Familitur).* Extraído de http://www.iet.tourspain.es/es-es/estadisticas.

Molina Martínez, L. (2006). *El otoño del pingüino. Análisis descriptivo de la traducción de los culturemas.* Castelló de la Plana: Publicacions de la Universitat Jaume I.

Moreno Fernández, F. (1999). Lenguas de especialidad y variación lingüística. En S. Barrueco, E. Hernández y L. Sierra (Eds.), *Lenguas para fines específicos (VI). Investigación y enseñanza* (pp. 3–14). Madrid: Universidad de Alcalá.

Navarro Coy, M. y Soto Almela, J. (2014). La traducción de la idiomaticidad en el contexto turístico español-inglés. *Paremia,* 23, 135–146.

Newmark, P. (1988). *A Textbook of Translation.* New York-London: Prentice Hall. Traducción de V. Moya: *Manual de traducción.* Madrid: Cátedra (Lingüística), 1992, 1999 (3ª edición).

Newmark, P. (1991). *About Translation.* Clevedon: Multilingual Matters.

Nida, E. (1945). Linguistics and Ethnology in Translation Problems. *Word*, 2, 194–208. Publicado posteriormente en Nida, E. (1975), *Exploring semantic structures*. Munich: Wilhelm Fink Verlag.

Nida, E. (1964). *Towards a Science of Translating with Special Reference to Principles and Procedures Involved in Bible Translating*. Leiden: E. J. Brill.

Nida, E. (1982). *Translating Meaning*. California: English Language Institute.

Nigro, M. G. (2006). *Il linguaggio specialistico del turismo. Aspetti storici, teorici e traduttivi*. Roma: Aracne Editrice.

Nobs, M. L. (2003). *Expectativas y evaluación en traducción de folletos turísticos: estudio empírico con usuarios reales*. (Tesis Doctoral). Universidad de Granada: Editorial de la Universidad de Granada.

Nord, C. (1991). *Text Analysis in Translation: Theory, Methodology, and Didactic Application of a Model for Translation-oriented Text Analysis*. Amsterdam: Rodopi.

Nord, C. (1994). Translation as a Process of Linguistic and Cultural Adaptation. En C. Dollerup y A. Lindegaard (Eds.), *Teaching Translation and Interpreting, II: Insights, Aims, Visions* (pp. 59–67). Amsterdam/Philadelphia: John Benjamins.

Nord, C. (1997). *Translating as a Purposeful Activity. Functionalist Approaches Explained*. Manchester: St. Jerome Publishing.

Nord, C. (2012). Quo Vadis, Functional Translatology? *Target*, 24(1), 26–42.

OCDE (2009). *El impacto de la cultura en el turismo*. OCDE, París. Traducción en español a cargo del Ministerio de Turismo de México (pp. 3–75). Extraído de http://www.oecd.org/cfe/tourism/42040227.pdf.

Organización Mundial del Turismo (2000). *Tesauro de turismo y ocio* (1ª ed.). Extraído de https://pub.unwto.org/WebRoot/Store/Shops/Infoshop/Products/1218/1218-1.pdf.

Organización Mundial del Turismo (2005–2007). *Entender el turismo: glosario básico*. Extraído de http://media.unwto.org/es/content/entender-el-turismo-glosario-basico.

Organización Mundial del Turismo (OMT). *TourisTerm*. Extraído de http://www.unwto.org/WebTerm6/UI/index.xsl.

Pedersen, V. H. (2000). Translation into L2 – In practice, and in the classroom. En M. Grosman, M. Kadric, I. Kovačič y M. Snell-Hornby (Eds.),

*Translation into Non-Mother Tongues: In Professional Practice and Training* (pp. 109–116). Tübingen: Stauffenburg Verlag.

Pierini, P. (2007). Quality in Web Translation: An Investigation into UK and Italian Tourism Web Sites. *The Journal of Specialized Translators*, 8, 85–103.

Portal turístico de la Región de Murcia (s. f). *Murcia Turística*. Extraído de http://www.murciaturistica.es/.

Rabadán, R. (1991). *Equivalencia y traducción: problemática de la equivalencia translémica inglés-español*. León: Universidad de León.

Real Academia Española (2001). *Diccionario de la lengua española* (22ª ed.). Madrid: España.

Reiss, K. (1976). *Texttyp und Übersetzungsmethode. Der operative Text*. Kronberg: Scriptor.

Reiss, K., & Vermeer, H. (1996). *Fundamentos para una teoría funcional de la traducción*. Madrid: Ediciones Akal (Traducción de Sandra García Reina y Celia Martín de León).

Rydning, A. F. (1991). Qu'est-ce qu'une traduction acceptable en B? Les conditions d'acceptabilité de la traduction fonctionnelle réalisée dans la langue seconde du traducteur. (Tesis doctoral). Universidad de Oslo.

Sánchez, P. e Íñigo, M. (1998). La traducción de términos culturales en los folletos turísticos: la gastronomía. *Quaderns de Filología. Estudis Lingüístics*, 4(1), 153–170.

Santamaría, L. (2001). Función y traducción de los referentes culturales en subtitulación. En L. Lorenzo García y A. M. Pereira Rodríguez (Eds.), *Traducción subordinada (II): el subtitulado* (pp. 237–248). Vigo: Publicacións da Universidade de Vigo.

Sapir, E. (1949). *Selected Writings in Language, Culture and Personality*. Berkeley: University of California Press.

Schäffner, C. (2000). Running before Walking? Designing a Translation Programme at Undergraduate Level. En C. Schäffner y B. Adab (Eds.), *Developing Translation Competence* (pp. 143–156). Amsterdam/Philadelphia: John Benjamins Publishing.

Soto Almela, J. (2013). La traducción de términos culturales en el contexto turístico español-inglés: recepción real en usuarios anglófonos. *Quaderns. Revista de Traducció*, 20, 235–250.

Suojanen, T., Koskinen, K. y Tuominen, T. (2015). *User-Centered Translation*. Abingdon, Oxon: Routledge.

Trainor, M. M. (2003). *La traducción de textos turísticos: propuesta de clasificación y análisis de muestras*. (Tesis Doctoral). Universidad de Málaga: Servicio de Publicaciones de la Universidad de Málaga. Disponible en el Repositorio Institucional de la Universidad de Málaga (RIUMA): http://riuma.uma.es.

Vehmas-Leito, I. (1989). *Quasi-correctness. A critical study of Finnish translations of Russian journalistic texts*. (Tesis doctoral). Universidad de Helsinki.

Venuti, L. (1998). Strategies of Translation. En M. Baker (Ed.), *Routledge Encyclopedia of Translation Studies* (pp. 240–244). London: Routledge.

Vermeer, H. (1983). Translation Theory and Linguistics. En P. Roinila, R. Orfanos y S. Tirkkonen-Condit (Eds.), *Näkökohtia käänämisen tutkimuksesta* (pp. 1–10). University of Joensuu.

Vinay, J. P. y Darbelnet, J. (1958). *Stylistique comparée du français et de l'anglais. Méthode de traduction*. Bibliothèque de Stylistique Comparée, nº 1. París: Les Éditions Didier. Nueva edición revisada y corregida, 1994.

Vlakhov, S. y Florin, S. (1970). Neperevodimoe v perevode: Realii, [Lo intraducible en traducción: realia]. *Masterstvo Perevoda*, 432–456.

Waddington, C. (2000). *Estudio comparativo de diferentes métodos de evaluación de traducción general (inglés-español)*. Madrid: Universidad Pontificia de Comillas (UPCO).

Whorf, B. L. (1956). *Language, Thought, and Reality*. Cambridge, Massachusetts: The M.I.T. Press. Massachusetts Institute of Technology.

Zaro, J. J. y Truman, M. (1998). *Manual de traducción. A Manual of Translation. Textos españoles e ingleses traducidos y comentados*. Madrid: SGEL.

120

# Anexo 1

## Cuestionario diseñado

*Imagen 1: Página de bienvenida*

Questionnaire on Tourist Brochures of the Region of Murcia

UNIVERSIDAD DE MURCIA

Principal » Questionnaire on Tourist Brochures of the Region of Murcia. » Cumplimentación                    Salir

This questionnaire is part of a study which is being carried out at the University of Murcia (Department of Translation and Interpreting) in Spain. It will only take you a few minutes to complete the questionnaire. Thank you in advance.

Acceder

© Universidad de Murcia - ATICA                    Recomendaciones de navegación | Incidencias | Sugerencias

*Imagen 2: Página 1: perfil sociocultural y demográfico*

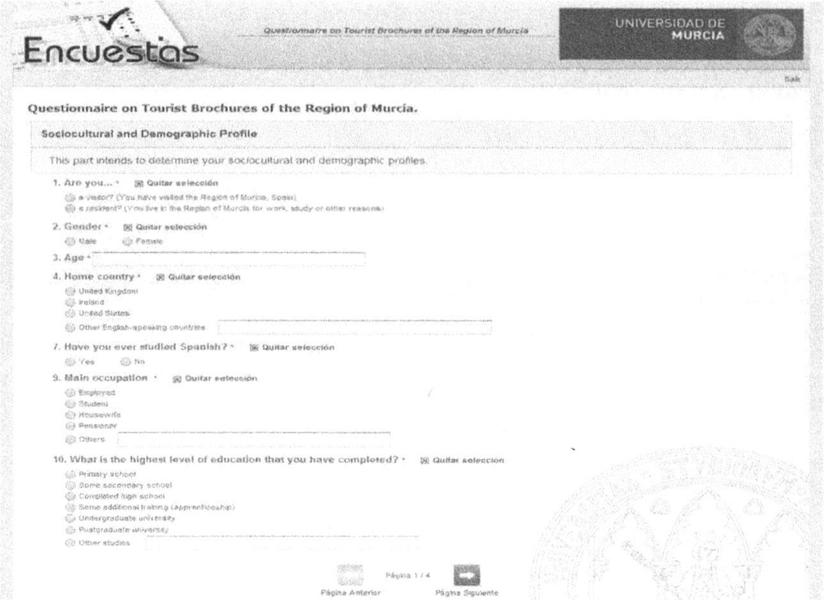
Encuestas

Questionnaire on Tourist Brochures of the Region of Murcia

UNIVERSIDAD DE MURCIA

Questionnaire on Tourist Brochures of the Region of Murcia.

Sociocultural and Demographic Profile

This part intends to determine your sociocultural and demographic profiles.

1. Are you... * Quitar selección
- a visitor? (You have visited the Region of Murcia, Spain)
- a resident? (You live in the Region of Murcia for work, study or other reasons)

2. Gender * Quitar selección
- Male
- Female

3. Age *

4. Home country * Quitar selección
- United Kingdom
- Ireland
- United States
- Other English-speaking countries

7. Have you ever studied Spanish? * Quitar selección
- Yes
- No

9. Main occupation * Quitar selección
- Employed
- Student
- Housewife
- Pensioner
- Others

10. What is the highest level of education that you have completed? * Quitar selección
- Primary school
- Some secondary school
- Completed high school
- Some additional training (apprenticeship)
- Undergraduate university
- Postgraduate university
- Other studies

Página Anterior Página 1 / 4 Página Siguiente

*Imagen 3: Página 2: culturemas*

**Questionnaire on Tourist Brochures of the Region of Murcia.**

### Cultural terms

In this part you are going to read different translations of some statements related to the traditions, culture and cuisine of the Region of Murcia (Spain) and will be asked to choose the ones you consider more suitable from your point of view.
PLEASE, TICK A, B, C OR D

1. Describing Murcia Desserts *    ☒ Quitar selección

   ○ a) Typical Murcia desserts

   ○ b) Typical Murcia desserts such as "paparajotes", lemon leaves deep fried in sweet batter (don't try to eat the leaf).

   ○ c) Typical Murcia desserts such as lemon leaves deep fried in sweet batter.

   ○ d) Typical Murcia desserts such as "paparajotes".

2. Describing a typical festivity celebrated in spring *    ☒ Quitar selección

   ○ a) On Saturday the Spring Festivities are rounded off with the "Entierro de la Sardina", a parade that parodies a funeral procession and culminates with the burning of a symbolic figure of a sardine.

   ○ b) On Saturday the Spring Festivities are rounded off with the "Burial of the Sardine" parade.

   ○ c) On Saturday the Spring Festivities are rounded off with a parade that parodies a funeral procession and culminates with the burning of a symbolic figure, usually a representation of a sardine;

   ○ d) On Saturday the Spring Festivities are rounded off with the "Entierro de la Sardina".

3. Describing a traditional agricultural / irrigation technique *    ☒ Quitar selección

   ○ a) A weir or dam which retains the water of the River Segura and distributes it by means of two main passages dug in the ground and used for bringing water to land to make plants grow.

   ○ b) A weir or dam which retains the water of the River Segura and distributes it by means of two main acequias.

   ○ c) A weir or dam which retains the water of the River Segura and distributes it by means of two main acequias (a passage dug in the ground and used for bringing water to land);

   ○ d) A weir or dam which retains the water of the River Segura and distributes it by means of two main irrigation channels.

4. Describing the changes in the landscape *    ☒ Quitar selección

   ○ a) The valley, covered until that time by marsh grasses.

   ○ b) The valley, covered until that time by almarjos (coarse grasses growing in marshes).

   ○ c) The valley, covered until that time by coarse grasses growing in marshes.

   ○ d) The valley, covered until that time by almarjos.

5. Describing a famous garden in the city of Murcia *    ☒ Quitar selección

   ○ a) A rose garden containing 1,400 bushes lends colour and scent, along with many galán de noche.

   ○ b) A rose garden containing 1,400 bushes lends colour and scent, along with many shrubs whose flowers, when crushed, have a fragrance resembling that of strawberries.

   ○ c) A rose garden containing 1,400 bushes lends colour and scent, along with many sweet-scented shrubs.

   ○ d) A rose garden containing 1,400 bushes lends colour and scent, along with many galán de noche (night-scented shrub).

Página 2 / 4

Página Anterior          Página Siguiente

123

*Imagen 4: Página 3: culturemas*

**Questionnaire on Tourist Brochures of the Region of Murcia.**

6. Describing a typical homemade product *    ☒ Quitar selección

○ a) Today's new generation of craftsfolk sell fruit preserved in syrup.
○ b) Today's new generation of craftsfolk sell grape concentrate.
○ c) Today's new generation of craftsfolk sell arrope (fruit preserved in syrup).
○ d) Today's new generation of craftsfolk sell arrope.

7. Describing the local flora *    ☒ Quitar selección

○ a) There are also groves of bamboo and liliaceous evergreen shrubs that have stiff prickle-tipped flattened green stems, which resemble and function as true leaves.
○ b) There are also groves of bamboo and ruscos, a local plant to be found wild in the España Mountains.
○ c) There are also groves of bamboo and ruscos.
○ d) There are also groves of bamboo and butcher's brooms.

8. Describing a traditional costume *    ☒ Quitar selección

○ a) Two days later the "Bando de la Huerta" is held, evoking a time when the "zaragüelles" were worn.
○ b) Two days later the "Bando de la Huerta" is held, evoking a time when the "zaragüelles", wide legged white linen breeches, were worn.
○ c) Two days later the "Bando de la Huerta" is held, evoking a time when wide legged white linen breeches were worn.
○ d) Two days later the "Bando de la Huerta" is held, evoking a time when baggy trousers were worn.

9. Describing a popular plant in the city of Murcia *    ☒ Quitar selección

○ a) A garden with many "mirtos" (a small tree with pleasant-smelling white flowers and blue-black fruit).
○ b) A garden with many "mirtos".
○ c) A garden with many myrtle bushes.
○ d) A garden with many small trees with shiny green leaves, pleasant-smelling flowers and blue-black fruit.

10. Describing a traditional dish *    ☒ Quitar selección

○ a) The larders of our ancestors contained the same foods: stewed dried beans.
○ b) The larders of our ancestors contained the same typical foods.
○ c) The larders of our ancestors contained the same foods: "michrones".
○ d) The larders of our ancestors contained the same foods: "michrones" (stewed dried beans).

Página 3 / 4

Página Anterior            Página Siguiente

*Imagen 5: Página 4: culturemas*

## Questionnaire on Tourist Brochures of the Region of Murcia.

**11. Describing an ancient tradition** *   ☒ Quitar selección

- a) In this city you can share the joy and colour of fiestas such as the "Caballos del Vino" in which some horses run up to the castle
- b) In this city you can share the joy and colour of fiestas such as the "Caballos del Vino"
- c) In this city you can share the joy and colour of fiestas such as that in which some horses have to run up to the castle ramp laden with heavy hogsheads of wine and richly embroidered mantles
- d) In this city you can share the joy and colour of fiestas such as the "Wine Horses".

**12. Describing a garden containing a well-known plant in the Region of Murcia** *   ☒ Quitar selección

- a) We still have its sunlight and the scent of "nardos".
- b) We still have its sunlight and the scent of "nardos", a plant having grass-like leaves and cultivated for its highly fragrant white flowers.
- c) We still have its sunlight and the scent of tuberoses.
- d) We still have its sunlight and the scent of plants having a tuberous root and spikes of white fragrant lily-like flowers

**13. Describing a typical "tapa"** *   ☒ Quitar selección

- a) Slates are covered with the names of hot or cold tapas such as stewed courgettes, potatoes and onions with scrambled eggs.
- b) Slates are covered with the names of hot or cold tapas such as "zarangollo".
- c) Slates are covered with the names of typical hot or cold tapas from Murcia.
- d) Slates are covered with the names of hot or cold tapas such as "zarangollo" (stewed courgettes, potatoes and onions with scrambled eggs)

**14. Describing the ancient local people** *   ☒ Quitar selección

- a) And walked among the orchard trees to show interest in the life of the "huertanos".
- b) And walked among the orchard trees to show interest in the life of the country folk.
- c) And walked among the orchard trees to show interest in the life of those who used to live and work in the countryside.
- d) And walked among the orchard trees to show interest in the life of the "huertanos" (people who live and work in the countryside)

**15. Describing a typical pie** *   ☒ Quitar selección

- a) Passers-by of all social conditions come together at this cross-roads with its aroma of "torta de chicharrones".
- b) Passers-by of all social conditions come together at this cross-roads with its aroma made of pork scratchings.
- c) Passers-by of all social conditions come together at this cross-roads with its aroma of meat pies.
- d) Passers-by of all social conditions come together at this cross-roads with its aroma of "torta de chicharrones" (a typical meat pie)

Página 4 / 4

Página Anterior          Página Siguiente

Guardar Encuesta

125

*Imagen 6: Página de despedida*

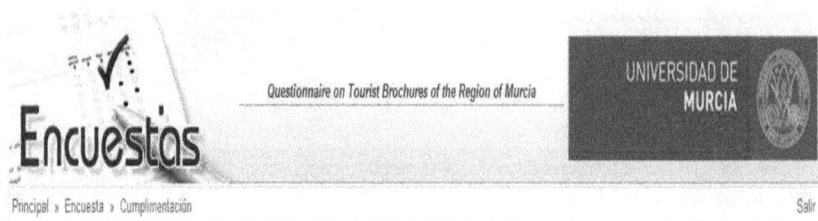

Questionnaire on Tourist Brochures of the Region of Murcia

UNIVERSIDAD DE
MURCIA

Principal » Encuesta » Cumplimentación                                    Salir

Thank you very much for your collaboration

© Universidad de Murcia - ATICA                    Recomendaciones de navegación | Incidencias | Sugerencias

# Anexo 2

## Portadas de los folletos turísticos seleccionados

*Folleto 1: "Murcia de Plaza en Plaza"*

*Folleto 2: Turismo cultural: "Hoy estoy curioso"*

*Folleto 3: Turismo gastronómico: "Hoy el gusto es mío"*

129

*Folleto 4: Turismo rural: "Hoy estoy rural"*

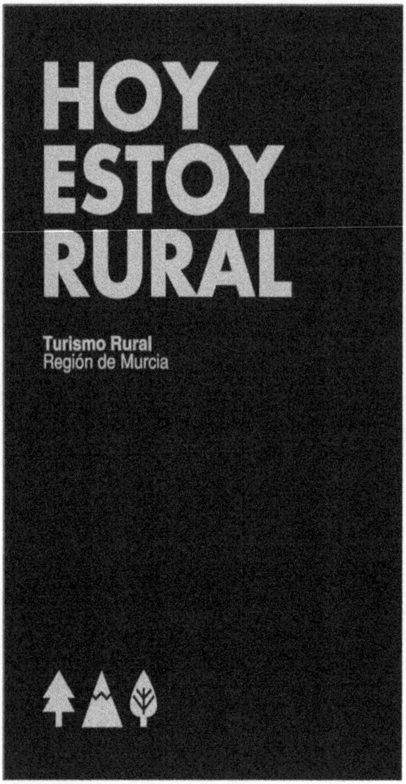


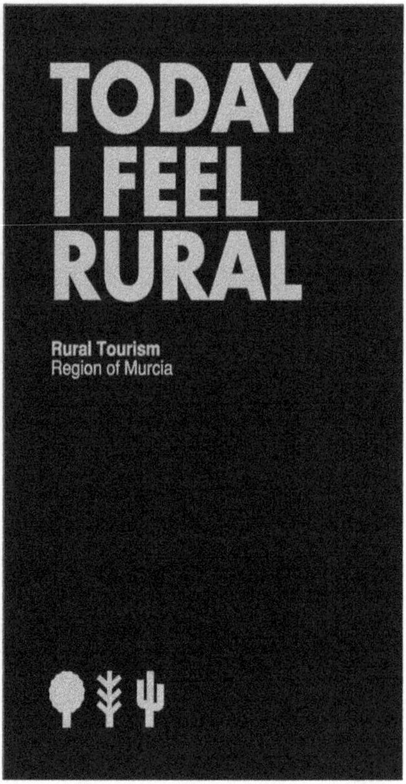

**Studien zur romanischen Sprachwissenschaft**
**und interkulturellen Kommunikation**

Herausgegeben von Gerd Wotjak, José Juan Batista Rodríguez und Dolores García-Padrón

Band 20 María José Domínguez Vázquez: Die Präpositivergänzung im Deutschen und im Spanischen. Zur Semantik der Präpositionen. 2005.

Band 21 Thomas J. C. Hüsgen: Vom getreuen Boten zum nachdichterischen Autor. Übersetzungskritische Analyse von Fernando Pessoas *Livro do Desassossego* in deutscher Sprache. 2005.

Band 22 Gerd Wotjak / Juan Cuartero Otal (eds.): Entre semántica léxica, teoría del léxico y sintaxis. 2005.

Band 23 Manuel Casado Velarde / Ramón González Ruiz / Óscar Loureda Lamas (eds.): Estudios sobre lo metalingüístico (en español). 2005.

Band 24 Celia Martín de León: Contenedores, recorridos y metas. Metáforas en la traductología funcionalista. 2005.

Band 25 Ulrike Oster: Las relaciones semánticas de términos polilexemáticos. Estudio contrastivo alemán-español. 2005.

Band 26 María Teresa Sánchez Nieto: Las construcciones perifrásticas españolas de significado evaluativo y sus equivalentes alemanes en la traducción. Con ejercicios para la clase de español como lengua extranjera. 2005.

Band 27 María Amparo Montaner Montava: Análisis cognitivo-perceptivo de la combinatoria de los verbos de transferencia. Se incluye CD-ROM con actividades para estudiantes de lingüística, lenguas y traducción. 2005.

Band 28 Clara Curell: Contribución al estudio de la interferencia lingüística. Los galicismos del español contemporáneo. 2005.

Band 29 Antonio Pamies / Francisca Rodríguez Simón: El lenguaje de los enfermos. Metáfora y fraseología en el habla espontánea de los pacientes. 2005.

Band 30 Gisela Marcelo Wirnitzer: Traducción de las referencias culturales en la literatura infantil y juvenil. 2007.

Band 31 Elena De Miguel/Azucena Palacios/Ana Serradilla (eds.): Estructuras Léxicas y Estructura del Léxico. 2006.

Band 32 Esteban Tomás Montoro del Arco: Teoría fraseológica de las *locuciones particulares*. Las locuciones prepositivas, conjuntivas y marcadoras en español. 2006.

Band 33 Nicola Matschke: Zeitgenössische französische Bibelübersetzungen: exemplarische textlinguistische und stilistische Übersetzungsprobleme. 2006.

Band 34 Mónica Aznárez Mauleón: La fraseología metalingüística con verbos de lengua en español actual. 2006.

Band 35 Moisés Almela Sánchez: From Word to Lexical Units. A Corpus-Driven Account of Collocation and Idiomatic Patterning in English and English-Spanish. 2006.

Band 36 Marta Albelda Marco: La intensificación como categoría pragmática: revisión y propuesta. Una aplicación al español coloquial. 2007.

Band 37 María del Carmen África Vidal Claramonte: Traducir entre culturas. Diferencias, poderes, identidades. 2007.

Band 38 Maria Eugênia Olímpio de Oliveira Silva: Fraseografía teórica y práctica. 2007.

Band 39 Catalina Jiménez Hurtado (ed.): Traducción y accesibilidad. Subtitulación para sordos y audiodescripción para ciegos: nuevas modalidades de Traducción Audiovisual. 2007.

Band 40 Emilio Ortega Arjonilla (ed.): El Giro Cultural de la Traducción. Reflexiones teóricas y aplicaciones didácticas. 2007.

Band 41 María Álvarez de la Granja (ed.): Lenguaje figurado y motivación. Una perspectiva desde la fraseología. 2008.

Band 42 Kathrin Siebold: Actos de habla y cortesía verbal en español y en alemán. Estudio pragmalingüístico e intercultural. 2008.

Band 43 Germán Conde Tarrío (ed.): Aspectos formales y discursivos de las expresiones fijas. 2008.

Band 44 Carmen Mellado Blanco (ed.): Colocaciones y fraseología en los diccionarios. 2008.

Band 45 Leonor Ruiz Gurillo / Xose A. Padilla García (eds.): *Dime cómo ironizas y te diré quién eres.* Una aproximación pragmática a la ironía. 2009.

Band 46 María Cecilia Ainciburu: Aspectos del aprendizaje del vocabulario. Tipo de palabra, método, contexto y grado de competencia en las lenguas afines. 2008.

Band 47 Susana Rodríguez Rosique: Pragmática y Gramática. Condicionales concesivas en español. 2008.

Band 48 Daniel Veith: Italienisch am Río de la Plata. Ein Beitrag zur Sprachkontaktforschung. 2008.

Babd 49 Gloria Corpas Pastor: Investigar con corpus en traducción: los retos de un nuevo paradigma. 2008.

Band 50 Maurício Cardozo / Werner Heidermann / Markus J. Weininger (eds.): A Escola Tradutológica de Leipzig. 2009.

Band 51 Luis Alexis Amador Rodríguez: La derivación nominal en español: nombres de agente, instrumento, lugar y acción. 2009.

Band 52 José-Luis Mendívil Giró: Origen, evolución y diversidad de las lenguas. Una aproximación biolingüística. 2009.

Band 53 Victòria Alsina / Gemma Andújar / Mercé Tricás (eds.): La representación del discurso individual en traducción. 2009.

Band 54 Sonia Bravo Utrera / Rosario García López (eds.): Estudios de Traducción: Perspectivas. Zinaida Lvóskaya in memoriam. 2009.

Band 55 Carlos Buján López / María José Domínguez Vázquez (eds.): Centros y periferias en España y Austria: Perspectivas lingüísticas y traductológicas. 2009.

Band 56 María Azucena Penas / Rosario González (eds.): Estudios sobre el texto. Nuevos enfoques y propuestas. 2009.

Band 57 Juan Pedro Monferrer-Sala / Àngel Urbán (eds.): Sacred Text. Explorations in Lexico-graphy. 2009.

Band 58 Gerd Wotjak / Vessela Ivanova / Encarnación Tabares Plasencia (Hrsg./eds.): *Translatione via facienda.* Festschrift für Christiane Nord zum 65. Geburtstag / Homenaje a Christiane Nord en su 65 cumpleaños. Herausgegeben von Gerd Wotjak, Vessela Ivanova und Encarnación Tabares Plasencia / Editado por Gerd Wotjak, Vessela Ivanova y Encarnación Tabares Plasencia. 2009.

Band 59 M. Belén Alvarado Ortega: Las fórmulas rutinarias del español: teoría y aplicaciones. 2010.

Band 60 Louisa Buckingham: Las construcciones con verbo soporte en un corpus de especialidad. 2009.

Band 61 Martin Mehlberg: Weil man es so sagt. Wissenschaftstheoretische und valenzlexiko-graphische Überlegungen zu ausgewählten Aspekten der lexikalischen Variation. 2010.

Band 62 Miguel Albi Aparicio: La valencia lógico-semántica de los verbos de movimiento y posición en alemán y español. 2010.

Band 63 Concepción Martínez Pasamar (ed.): Estrategias argumentativas en el discurso periodístico. 2010.

Band 64 Regina Gutiérrez Pérez: Estudio cognitivo-contrastivo de las metáforas del cuerpo. Análisis empírico del corazón como dominio fuente en inglés, francés, español, alemán e italiano. 2010.

Band 65 Dolores García Padrón / María del Carmen Fumero Pérez (eds.): Tendencias en lingüística general y aplicada. 2010.

Band 66 Aquilino Sánchez / Moisés Almela (eds.): A Mosaic of Corpus Linguistics. Selected Approaches. 2010.

Band 67 Maria Carmen Àfrica Vidal Claramonte: Traducción y asimetría. 2010.

Band 68 Ana Maria Garcia Bernardo: Zu aktuellen Grundfragen der Übersetzungswissenschaft. 2010.

Band 69 María Cristina Toledo Báez: El resumen automático y la evaluación de traducciones en el contexto de la traducción especializada. 2010.

Band 70 Elia Hernández Socas: Las Islas Canarias en viajeras de lengua alemana. 2010.

Band 71 Ramón Trujillo: La gramática de la poesía. 2011.

Band 72 Maria Estellés Arguedas: Gramaticalización y paradigmas. Un estudio a partir de los denominados marcadores de digresión en español. 2011.

Band 73 Inés Olza Moreno: Corporalidad y lenguaje. La fraseología somática metalingüística del español. 2011.

Band 74 Ana Belén Martínez López: Traducción y terminología en el ámbito biosanitario (inglés español). 2014.

Band 75 Carsten Sinner / Elia Hernández Socas / Christian Bahr (eds.): Tiempo, espacio y relaciones-temporales. Nuevas aportaciones de los estudios contrastivos. 2011.

Band 76 Elvira Manero Richard: Perspectivas lingüísticas sobre el refrán. El refranero metalingüístico del español. 2011.

Band 77 Marcial Morera: El género gramatical en español desde el punto de vista semántico. 2011.

Band 78 Elia Hernández Socas / Carsten Sinner / Gerd Wotjak (eds.): Estudios de tiempo y espacio en la gramática española. 2011.

Band 79 Carolina Julià Luna: Variación léxica en los nombres de las partes del cuerpo. Los dedos de la mano en las variedades hispanorrománicas. 2012.

Band 80 Isabel Durán Muñoz: La ontoterminografía aplicada a la traducción. Propuesta metodológica para la elaboración de recursos terminológicos dirigidos a traductores. 2012.

Band 81 Judith Scharpf Staab: Expresión del tiempo en el lenguaje. Propuestas para una pragmática del tiempo. Estudio contrastive español-alemán. 2012.

Band 82 Lucía Luque Nadal: Principios de culturología y fraseología españolas. Creatividad y variación en las unidades fraseológicas. 2012.

Band 83 Marc Bonhomme / Mariela de La Torre / André Horak (éds / eds.): Études pragmatico-discursives sur l'euphémisme. Estudios pragmático-discursivos sobre el eufemismo. 2012.

Band 84 Virginia de Alba Quiñones: Lexías simples y colocaciones léxicas en la enseñanza de ELE. Análisis e implicaciones didácticas. 2012.

Band 85 Gerd Wotjak / Dolores García Padrón / María del Carmen Fumero Pérez (eds.): Estudios sobre lengua, cultura y cognición. 2012.

Band 86 Pedro Mogorrón Huerta / Daniel Gallego Hernández / Paola Masseau / Miguel Tolosa Igualada (eds.): Fraseología, Opacidad y Traducción. 2013.

Band 87 María Jesús Fernández Gil: Traducir el horror. La intersección de la ética, la ideología y el poder en la memoria del Holocausto. 2013.

Band 88 Gloria Clavería / Cecilio Garriga / Carolina Julià / Francesc Rodríguez / Joan Torruella (eds.): Historia, lengua y ciencia: una red de relaciones. 2013.

Band 89 Carmen Llamas Saíz / Concepción Martínez Pasamar / Manuel Casado Velarde (eds.): Léxico y argumentación en el discurso público actual. 2013.

Band 90 Gerd Wotjak / Carsten Sinner / Linus Jung / José Juan Batista (eds.): La Escuela traductológica de Leipzig. Sus inicios, su credo y su florecer (1965-1985). 2013.

Band 91 Ana Llopis Cardona: Aproximación funcional a los marcadores discursivos. Análisis y aplicación lexicográfica. 2014.

Band 92 María López Ponz: Juego de capitales. La traducción en la sociedad del mestizaje. 2014.

Band 93 Fruela Fernandez: Espacios de dominación, espacios de resistencia. Literatura y traducción desde una sociología crítica. 2014.

Band 94 Xavier Lee Lee: La expedición de Martin Rikli y Carl Schröter en 1908. Primer *viaje de estudios* del ámbito germanoparlante a Canarias. 2014.

Band 95 Se ha hecho camino al andar. Homenaje a Mª I. Teresa Zurdo Ruiz-Ayúcar. Festschrift für Mª I. Teresa Zurdo Ruiz-Ayúcar. Estudios compilados y editados por Mª Jesús Gil Valdés e Isabel García Adánez. Herausgegeben von Mª Jesús Gil Valdés und Isabel García Adánez. 2014.

sBand 96 Xoán Montero Domínguez (ed.): Traducción e industrias culturales. Nuevas perspectivas de análisis. 2014.

Band 97 Nekane Celayeta Gil / Felipe Jiménez Berrio / Alberto de Lucas Vicente / Maite Iraceburu Jiménez / Dámaso Izquierdo Alegría (eds.): Lingüística Teórica y Aplicada: nuevos enfoques. 2014.

Band 98 Catalina Jiménez Hurtado (ed.): La traducción como comunicación interlingüística transcultural mediada. Selección de artículos de Gerd Wotjak. 2015.

Band 99 María del Carmen Fumero Pérez / José Juan Batista Rodríguez (eds.): Cuestiones de lingüística teórica y aplicada. 2014.

Band 100 Cécile Bruley / Javier Suso López (eds.) : La terminología gramatical del español y del francés. La terminologie grammaticale de l'espagnol et du français. Emergencias y transposiciones, traducciones y contextualizaciones. Émergences et transpositions, traductions et contextualisations. 2015.

Band 101 Pedro Mogorrón Huerta / Fernando Navarro Domínguez (eds.) : Fraseología, Didáctica y Traducción. 2015.

Band 102 Xoán Montero Domínguez: La traducción de proyectos cinematográficos. Modelo de análisis para los largometrajes de ficción gallegos. 2015.

Band 103 María Ángeles Recio Ariza / Belén Santana López / Manuel De la Cruz Recio / Petra Zimmermann González (Hrsg./eds.): Interacciones / Wechselwirkungen. Reflexiones en torno a la Traducción e Interpretación del / al alemán. Überlegungen zur Translationswissenschaft im Sprachenpaar Spanisch-Deutsch. 2015.

Band 104 Héctor Hernández Arocha: Wortfamilien im Vergleich. Theoretische und historiographische Aspekte am Beispiel von Lokutionsverben. 2016.

Band 105 Giovanni Caprara / Emilio Ortega Arjonilla / Juan Andrés Villena Ponsoda: Variación lingüística, traducción y cultura. De la conceptualización a la práctica profesional. 2016.

Band 129 María Jesús Barros García: Cortesía valorizadora. Uso en la conversación informal española. 2018.

Band 130 Alexandra Marti / Montserrat Planelles Iváñez / Elena Sandakova (éds.): Langues, cultures et gastronomie : communication interculturelle et contrastes / Lenguas, culturas y gastronomía: comunicación intercultural y contrastes. 2018.

Band 131 Santiago Del Rey Quesada / Florencio del Barrio de la Rosa / Jaime González Gómez (eds.): Lenguas en contacto, ayer y hoy: Traducción y variación desde una perspectiva filológica. 2018.

Band 132 José Juan Batista Rodríguez / Carsten Sinner / Gerd Wotjak (Hrsg.): La Escuela traductológica de Leipzig. Continuación y recepción. 2019.

Band 133 Carlos Alberto Crida Álvarez / Arianna Alessandro (eds.): Innovación en fraseodidáctica. tendencias, enfoques y perspectivas. 2019.

Band 134 Eleni Leontaridi: Plurifuncionalidad modotemporal en español y griego moderno. 2019.

Band 135 Ana Díaz-Galán / Marcial Morera (eds.): Nuevos estudios de lingüística moderna. 2019.

Band 136 Jorge Soto Almela: La traducción de la cultura en el sector turístico. Una cuestión de aceptabilidad. 2019.

www.peterlang.com

www.ingramcontent.com/pod-product-compliance
Lightning Source LLC
Chambersburg PA
CBHW030245100426
42812CB00002B/329